# 校园安全常见案例与预防

主　编：郑昭信　　刘梓缘　　尚道文

副主编：毛政伟　　陈志刚　　向　江
　　　　曹伏明

编　委：杨代敏　　张爱华　　杨松柏
　　　　郭少杰

湖南大学出版社

·长沙·

## 内容简介

本书从大学校园常见的人身、财产、心理、网络、活动、消防、交通等安全问题入手,收集了百余个发生在校内外涉及高校师生员工安全问题的常见案例,并通过对案例作出相应点评,使学生掌握必备的校园安全预防知识,构建平安和谐校园。

**图书在版编目(CIP)数据**

校园安全常见案例与预防/郑昭信,刘梓缘,尚道文主编. —长沙:湖南大学出版社,2020.9
ISBN 978-7-5667-1465-7

Ⅰ.①校… Ⅱ.①郑… ②刘… ③尚… Ⅲ.①大学生—安全教育—高等学校—教材
Ⅳ.①G645.5

中国版本图书馆 CIP 数据核字(2017)第 301728 号

# 校 园 安 全 常 见 案 例 与 预 防
XIAOYUAN ANQUAN CHANGJIAN ANLI YU YUFANG

主　　编:郑昭信　刘梓缘　尚道文
责任编辑:郭　蔚
印　　装:长沙长大成彩印有限公司
开　　本:787×1092　16 开　　　印张:11.5　　字数:260 千字
版　　次:2020 年 9 月第 1 版　　　印次:2020 年 9 月第 1 次印刷
书　　号:ISBN 978-7-5667-1465-7
定　　价:32.80 元

出 版 人:李文邦
出版发行:湖南大学出版社
社　　址:湖南·长沙·岳麓山　　邮　　编:410082
电　　话:0731—88822559(发行部),88821594(编辑室),88821006(出版部)
传　　真:0731—88822264(总编室)
网　　址:http://www.hnupress.com
电子邮箱:xuejier 163@163.com

# 序

生命高于一切，安全重于泰山。

高校是大学生相对独立地接触、适应社会的起始站。习近平总书记指出："思想政治工作从根本上说是做人的工作，必须围绕学生、关照学生、服务学生，不断提高学生思想水平、政治觉悟、道德品质、文化素养，让学生成为德才兼备、全面发展的人才。"大学生是最具潜力也是可塑性最强的人群，是国家宝贵的人才资源，是国家的未来、民族的希望、社会的中坚，他们的综合素质和发展将决定一个国家的富强、民族的复兴和人民的幸福。正如梁启超在《少年中国说》中所写的那样："少年智则国智，少年富则国富，少年强则国强，少年独立则国独立，少年自由则国自由，少年进步则国进步"，"制出将来之少年中国者，则中国少年之责任也。"当前，高校的职责和功能虽然随着社会的发展也在不断地扩展，但是高校的根本任务仍然是人才的培养。立德树人是高等教育的根本任务，始终坚持以学生为本、正确引导学生、竭诚服务学生、切实维护学生人身和财产安全是由高校的宗旨和性质决定的，是党交给高校的极其重要的任务，也是高校自身重要价值的体现。

加强学生安全教育工作，切实维护学生人身和财产安全，事关学生健康成长、全面成才、全面发展，事关千家万户的幸福与安宁，事关社会的和谐与稳定。大力强化安全理念，努力弘扬安全文化，积极普及安全知识，及时掌握安全技能，不断提升安全素养，有效维护安全稳定，给学生一个平安、和谐的学习成长环境，是学校、家庭和社会的共同责任，也是进一步深化平安校园建设的根本所在。

安全责任，重于泰山。长期以来，吉首大学高度重视学校安全稳定工作，始终坚持"文化立校"的发展战略，始终坚持把创建平安校园作为保障学生安全、维护学校稳定的重要工作常抓不懈，不断强化"红线"意识，从文化层面积极构筑安全管理新业态，学校安全稳定工作机制不断完善，校园安防建设水平显著提升，开创了安全发展、稳中求进的良好局面，先后获得"全国民族团结进步模范集体""湖南省文明单位""湖南省平安高校"等荣誉称号。当前，我国改革处于攻坚阶段，发展处于关键时期。高校既处于发展的黄金期,也进入了矛盾的凸显期,各类不安全、不稳定因素经常出现,学校安全稳定形势依然严峻。君不见,这些年来,高校校园似不平静,涉及学生的人身伤害、财物诈骗、火灾水灾、交通事故、电梯事故、实验室事故等等,常见诸媒体。社会关心、教师忧心、家长担心、学生茫然。如何破解?我们必须居安思危、警钟长鸣,进一步增强做好学校安全工作的责任感、紧迫感和使命感。

安全第一,教育为先。古人有"过桥须下马,有路莫登舟"的防范箴言。《礼记·中庸》有:"凡事预则立,不预则废。"实践证明,深入开展安全教育,不断普及安全常识,努力提高安全技能,是减少安全事故的有效途径。习近平总书记强调:"安全生产必须警钟长鸣、常抓不懈,丝毫放松不得,否则就会给国家和人民带来不可挽回的损失。"当前,我们一定要进一步高度重视,把工作重点前移到教育和预防上,让学生接受更为系统的安全教育和培训,切实增强遵纪守法观念,切实提高安全防范意识和自我保护能力,做到内化于心、外化于形、固化于制、实化于行,让安全健康成为学生的必备素质和能力,切实变被动为主动,把安全事故消灭在萌芽之中。

前事不忘,后事之师。安全事故固然可怕,但是更为可怕的是对防范和应对的无知,尤其可怕的是对血的教训的冷漠。当安全事故的创伤尚未抚平,血迹和眼泪还未擦干,我们惊异地发现,同样的隐患还在身边,同样的悲剧还有可能重演,这是多么令人担忧的状况!因此,加强学生安全教育刻不容缓,它既体现了教育的本体功能,又体现了教育的社会功能。吉首大学积极创建独特的安全文化品牌和特色课程,着力让"文化立校"根植校园,目前,学校保卫处郑昭信、刘梓缘和张家界学院尚道文等同志立足实际,精心策划编撰大学生安全教育读本《校园安全常见案例与预防》,从高校校园常见的人身、财产、心理、网络、活动、消防、交通等安全问题入手,收集了百余个发生在校内外涉及大学生安全问题的常见案例,并从案例点评、知识链接、预防与处理等方面对案例予以详细解读,旨在还原事故案情,分析事故发生的原因和应当汲取的教训,使广大学生认清安全形势,从中悟出一些道理、掌握一些技能、得到一些警示,真正把教训变成财富,防止重蹈覆辙,以全面提高安全素质。读本有的放矢,未雨绸缪,言简意赅,少空洞说教,不冗繁铺陈,强调防范,侧重应用,注重提高学生实际能力,富有针对性、实效性、实用性和可操作性,其知识点可让同学们受用一生,其梳理之细、涵盖之全,用心良苦,处处体现了一线学生工作者的教育情怀,可谓良心之作、应时之作。

居安思危,思则有备,备则无患。珍惜生命的方法是保证安全每一秒钟。同学们,世界上没有什么比人的生命和自由更为宝贵,让我们以读本中选取的这些案例为反面教材,深刻汲取沉痛教训,更加关注安全,更加关爱生命,更加敬畏生命,珍惜大学时代的美好时光,健康生活,阳光生活,努力学习,立志成才,为实现中华民族伟大复兴的中国梦而努力奋斗!愿《校园安全常见案例与预防》是开启安全教育之门的金钥匙,是照亮同学们漫漫征程的平安小灯笼。

乐为此序,长揖平安。

白晋湘

2019 年 1 月

(作者系吉首大学党委书记、校长,二级教授、博士生导师)

# 前　言

　　高等学校是社会的一部分,随着改革开放的不断深入,社会矛盾和社会治安状况日益复杂,在高等学校开放式办学的条件下,校园不是与世隔绝的净土,高等学校校园及周边治安环境复杂,校园里存在着不同程度的各类安全问题。

　　为使大学生在短时间内了解大学生活中可能会遇到的各类安全问题,掌握必要的安全知识和安全技能,提高安全防范意识和法治意识,保护大学生人身、财产等安全,郑昭信、刘梓缘、毛政伟、尚道文、陈志刚、杨代敏、曹伏明、张爱华、杨松柏、郭少杰、向江十一位老师编写了《校园安全常见案例与预防》安全教育教材,从大学校园常见的人身、财产、心理、网络、活动、消防、交通等安全问题入手,收集了百余例涉及高校师生员工安全问题的常见案例,并从案例点评、知识链接、预防与处理等方面进行了详细解读,希望大学生认真阅读,真正提高自身的安全防范意识,增长安全预防知识,从而快乐、安全地在大学校园里学习、生活。

　　本书主要从普通高等学校校园安全着手,在编写过程中参考和引用了相关著作、教材,吸收和借鉴了许多高校安全保卫方面的知识,同时得到了湖南省高等学校保卫学研究会、吉首市公安局砂子坳派出所和吉首大学相关部门的大力支持,在此一并致以诚挚的谢意。由于编者知识有限,错误和不妥之处难免,恳请读者批评指正。

编　者

2018 年 12 月

# 目　次

# 第一章 安全概述

作为大学生学习和成长的"摇篮"，大学校园历来被誉为神圣的知识殿堂，同时，也是智慧、文明和生机活力的象征。当代大学生是祖国的未来、民族的希望，如何将大学生培养成为国家栋梁之才，是目前我国高等学校的重要任务。

对正处于成长关键时期的大学生来说，人身、财产安全和身心健康是他们在校学习、生活的基本保障，也是他们成人和成才的先决条件。然而，大学校园并不是"世外桃源"。近年来，高校频频发生涉及师生的"校园安全问题"，不仅严重影响了大学生的学习和成长，也在一定程度上加重了学生家庭的生活负担，不利于国家人才的培养和社会秩序的稳定。

因此，高校要培养高素质的合格人才，必须加强大学生的安全教育。大学生在学好专业知识的同时，应当接受必要的安全教育和管理，学习和掌握适应时代要求的安全知识和自我保护技能，增强安全防范意识与能力，把自己培养成德智体全面发展的高素质人才。

## 第一节 安全意识与安全防范

随着我国市场经济的不断发展和教育制度的不断完善，普通高等学校的规模也越来越大，高校在校学生数量不断增加。然而，随之而来的是潜伏在校园内外的许多不安全因素，各类校园安全事故时有发生，大学生的安全问题已经成为社会关注的热点。

## 一 安全意识

所谓安全意识，就是人们头脑中建立起来的生活活动必须安全的观念，也就是人们在生活活动中，对各种有可能对本人造成伤害的外在环境、条件的一种戒备和警觉的心理状态。当前，大学生人身财产等方面的案件时有发生，其中很多都是大学生缺乏安全意识而造成的。

## 二 安全防范

所谓安全防范，是指事先做好准备和防护措施，以应付攻击或者避免受害，从而使自身或被保护对象处于没有危险、不受侵害、不出事故的安全状态。显而易见，安全是目的，防范是手段，通过防范的手段达到安全的目的是安全防范的基本内涵。

# 第二节　当前高校治安形势

当前，高校治安形势严峻复杂。一方面大学生数量增加，增加了管理难度；另一方面许多高校普遍为开放式办学，这也给学校安全管理增加了很大的难度。

## 一 校园环境社会化

当前，高校是全方位、多功能、开放型的"小社会"。校内不仅有教学科研区、休闲运动区、学生宿舍区、教工宿舍区，还有因学校建设和发展，长期存在的建筑工地及民工暂住区；不仅有教学、科研设施，还有工厂、公司、超市、书店、银行、邮局、医院、宾馆等生活服务设施和机构。这种复杂的格局，客观上也给学校的安全管理带来了诸多不利因素。社会上的一些不法之徒，时常窜入学校进行盗窃、诈骗等财产类违法犯罪活动，危害师生员工的财产安全。有的甚至危害师生员工的人身安全，直接影响高校的安全稳定。

## 二 校外人员多

由于高校有美丽的校园环境，有功能齐全的运动场所，加上师生员工多，学校后勤服务的社会化改革，大量外来人员来校务工、经商、锻炼或走亲访友。他们中少数人文化素质偏低、法制观念淡薄，且流动性大、不易管理，极易在校内与师生员工发生矛盾纠纷。甚至少数人在校内违法犯罪，侵害学校和师生员工的正当利益。

## 三 校内车辆多

随着人们物质生活水平的提高，越来越多的师生员工购买了机动车辆，加上校园社会化因素，校外车辆也越来越多。

## 四 校园周边环境复杂

当前，引发校园及周边地区治安问题的消极因素仍然存在，侵害学校师生员工人身及财产安全的治安、刑事案件时有发生，校园周边环境复杂。

## 五 部分师生员工安全防范意识薄弱

由于部分师生员工安全防范意识薄弱，越来越多的违法犯罪分子将侵害的目标转向了大学校园。如校园盗窃、校园诈骗、网络兼职诈骗、校园信贷宝、传销等违法犯罪问题，已成为新形势下影响高校安全稳定的主要安全问题。

# 第三节　加强大学生安全教育的必要性

世纪之交的高等教育扩招，促使高等教育迈入大众化阶段。在高等教育超常规发展的同时，高校大学生安全教育工作相对滞后于其他方面的工作，大学生安全意识淡薄、安全防范能力较低，不仅严重地影响大学生的正常学习生活，而且直接影响了高校的安全稳定和和谐校园的构建。因此，有效地强化大学生的安全意识、加强大学生安全教育、不断提升大学生的安全防范能力，对于保证大学生的健康成长、构建和谐校园具有重大意义。

## 一 大学生全面发展的需要

我国高等教育的最终目的就是使学生得到全面发展，提升学生的综合素质，为国家的发展培养后备人才，而不是单一地给学生灌输科学文化知识。加强安全知识的宣传教育，促进学生全面发展，将使学生终身受益。

## 二 建设平安校园的需要

大学生是校园的主人，是平安校园建设的重要参与者和受益者。强化大学生安全教育，正是建设平安校园的关键环节。学生安全意识的提高、防范技能的提升和参与平安校园建设积极性的增强，是校园平安稳定的重要保障和基础。

## 三 维护社会稳定的需要

　　维护大学生人身财产安全，事关学生成长成才，事关千千万万个家庭的切身利益。大学生群体更是社会建设的重要组成部分，是国家与社会发展的中流砥柱，大学生的健康成长对社会的和谐稳定具有直接影响。

# 第二章　国家与社会安全

国家安全是国家的基本利益，有国家就有国家安全，古今中外莫不如此。无论是什么社会形态，实行怎样的社会制度，任何政权都将国家利益视为最高、最基本的利益，将维护国家和社会安全作为首要任务。因此，每位大学生都应当成为国家安全和利益的自觉拥护者、维护者。

## 第一节　国家安全

大学生应学习国家安全知识，从理论上弄清楚国家安全的含义及其重要地位，明确什么是危害国家安全的行为、公民和组织维护国家安全的义务和权利、国家安全机关的性质和任务，以及危害国家安全的法律责任等，从而增强公民意识、法律意识和国家安全意识，增强维护国家安全的责任感、义务感和荣誉感，自觉防范和制止危害国家安全的行为。

**常见案例**

<<<<<案例 2-1：博士无意涉密案 ..................................

某高校科研所博士小李，承担一项重大高科技研究项目。他在外出工作期间，经常在电话里与同事研讨科研项目进展情况，被境外谍报分子利用高科技手段进行了监

听。国家安全机关及时发现了这一情况，并立即与科研所取得联系，科研计划不得不做出重大调整。

<<<<<案例 2-2：出卖国家军事机密案 …………………………………………

王某大学毕业后到了某沿海城市，应聘某公司担任业务员。由于工资不高，王某便通过互联网发帖寻找兼职工作。不料，被网上的境外间谍情报机关人员盯上，并以某投资咨询公司的名义将其招聘为信息员。在金钱的诱惑之下，王某在明知对方是境外间谍情报机关人员的前提下，仍不计后果，一意孤行，接受对方的任务和指令，积极为之效力。

2009 年以来，王某先后多次以旅游的名义到某重要军事目标周边进行实地察看，秘密搜集该营区的地理位置和各种武器装备的型号、数量、位置等军事情报，并通过电子邮件加密传递给境外间谍情报机关。法网恢恢，疏而不漏。王某最终未能逃过我国安全机关的眼睛，被成功抓获，等待他的将是漫长的牢狱生活。

**案例点评**

通过以上案例我们看出，某些人由于缺乏国家安全防范意识，给境内外敌对势力尤其是境外间谍情报机关实施渗透、破坏和策反活动提供了可乘之机，极大地危害了国家和社会安全。

**知识链接**

1. 国家安全与保密

国家安全是国家的基本利益，是指维护一个国家处于没有危险的客观状态，即是指国家没有外部的威胁和侵害，也没有内部的混乱和疾患的客观状态。当代国家安全包括 12 个方面的基本内容，即政治安全、国土安全、军事安全、经济安全、文化安全、社会安全、科技安全、网络安全、生态安全、资源安全、核安全、海外利益安全。

国家秘密是指因国家安全的需要，依照法定程序规定，在一定时间内只限一定范围的人员知悉的事项。包括有关国家事务的重大决策事项、国防建设和武装力量活动中的秘密事项、外交或外交活动中的秘密事项以及对外承担保密义务的事项等。

2. 国家安全法律法规

为了维护国家安全，保卫中华人民共和国人民民主专政的政权和社会主义制度，保障改革开放和社会主义现代化建设的顺利进行，我国于 1993 年 2 月 22 日第七届全国人民代表大会常务委员会第三十次会议通过了《中华人民共和国国家安全法》，对公民维护国家安全的权利和义务作了相应的规定。

（1）机关、团体和其他组织应当对本单位的人员进行维护国家安全的教育，动员、组织本单位的人员防范、制止危害国家安全的行为。

（2）公民和组织应当为国家安全工作提供便利条件或者其他协助。

（3）公民发现危害国家安全的行为时，应当直接或者通过所在组织及时向国家安全机关或者公安机关报告。

（4）在国家安全机关调查了解有关危害国家安全的情况、收集有关证据时，公民和有关组织应当如实提供，不得拒绝。

（5）任何公民和组织都应当保守所知悉的国家安全工作的秘密。

（6）任何个人和组织都不得非法持有属于国家秘密的文件、资料和其他物品。

（7）任何个人和组织都不得非法持有、使用有关窃听和窃照的专用间谍器材。

（8）任何公民和组织对国家安全机关及其工作人员超越职权、滥用职权和其他违法行为，都有权向上级国家安全机关或者有关部门检举、控告。上级国家安全机关或者有关部门应当及时查清事实，负责处理。

3. 保守国家秘密法

《中华人民共和国保密法》第二十五条规定：机关、单位应当加强对国家秘密载体的管理，任何组织和个人不得有下列行为：

（1）非法获取、持有国家秘密载体。

（2）买卖、转送或者私自销毁国家秘密载体。

（3）通过普通邮政、快递等无保密措施的渠道传递国家秘密载体。

（4）邮寄、托运国家秘密载体出境。

（5）未经有关主管部门批准，携带、传递国家秘密载体出境。

4. 强化大学生国家安全教育的意义

一个国家，其公民国家安全意识的高低事关整个国家的安全。作为大学生，其国家安全意识的强弱对国家安全有着直接的影响。因此，强化大学生国家安全教育具有极大的必要性和重要性。

（1）从国家面临的安全环境来看，当前我国面临的环境复杂多变，安全形势不容乐观。主要表现为境外敌对势力和间谍情报机构为达到分化、西化中国的目的，一方面利用各种渠道，以公开或秘密的方式传播西方的政治和经济模式、价值观念以及腐朽的生活方式，培养和平演变的"内应力量"；另一方面采取金钱收买、物质利诱、色情勾引、出国担保等手段，或打着学术交流、参观访问、洽谈业务等幌子，刺探、套取、收买我国家和单位机密。

（2）大学生对国家安全存在着种种模糊的认识。大学生对国家安全的认识还停留在军事、战争、国防、领土、情报、间谍这样一些层面。当前，国家安全既包括国土安全、主权安全、政治安全、经济安全、国防安全、国民安全等传统内容，也包括文化安全、科技安全、金融安全、信息安全等方面的新内容。

（3）随着我国经济发展，社会稳定、人民安居乐业，我国国际地位日益提高，长期的和平环境，使大学生自觉或不自觉地对国内外敌对势力的破坏活动放松了警惕，淡化了安全意识，认为"对外开放无密可保""和平期间无间谍"。由于思想麻痹，造成国家的一些机密被泄露，更有甚者，经不起金钱、美色等种种诱惑，不惜丧失国格、人格出卖情报，给国家安全和利益造成重大损失。

## 预防与处理

国家安全稳定是大学生健康生活和学习的保证，因此，大学生必须以维护国家安全为己任。

1. 树立"国家利益高于一切"的观念

国家安全涉及国家社会生活的方方面面，是国家、民族生存与发展的首要保障。维护国家安全既是国家利益的需要，又是个人安全的需要。

2. 掌握并遵守有关国家安全的法规

要认真学习、掌握有关国家安全的法律知识，特别应重点学习《中华人民共和国宪法》《中华人民共和国国家安全法》《中华人民共和国保守国家秘密法》等。懂得什么是合法、什么是违法，知道什么能做、什么不能做，把自己的行为建立在自觉依法维护国家利益的基础上。

3. 始终保持警惕，提高鉴别力

境外间谍情报人员常以友好访问、交朋友、学术交流、经济援助、出国担保、旅游观光、新闻采访等手段搜集情报。特别是在我国对外开放的情况下，隐蔽战线斗争的情况更加复杂。因此，只有保持高度的警惕，提高鉴别力，才能在对外交往中，做到既热情友好又能内外有别，既珍惜个人友谊又牢记国家利益，既能争取外援又不失国格、人格。

4. 坚持自尊自爱，克服见利忘义

在隐蔽战线斗争中，敌对势力为达到其目的，总是不择手段，以利诱之。因此，在对外交往中，必须自尊自爱，淡泊名利，自觉抵制各种诱惑，这样才能在维护国家安全上立于不败之地。

5. 积极配合国家安全机关的工作

国家安全机关是《中华人民共和国国家安全法》规定的国家安全工作的主管机关。国家安全机关和公安机关按照国家规定的职权划分，各司其职，密切配合，维护国家安全。当国家安全机关需要配合工作时，大学生应尽力提供便利条件或协助。

## 第二节 反对邪教组织

随着改革开放的不断深入，我国经济社会发展呈现出巨大活力，这给我国的社会管理和思想教育带来了巨大挑战。一些隐性的矛盾和问题开始显现，特别是一些邪教组织大钻社会变革的空子，大肆制造、散布迷信邪说，从事违法犯罪活动，给广大人民群众的生命财产以及家庭生活造成了极大的伤害。

### 常见案例

**<<<<<案例 2-3："法轮功"天安门广场自焚案** ………………………………

2000 年农历除夕，正当人们准备喜迎蛇年春节的时候，7 名"法轮功"痴迷者却在李洪志妖言的蛊惑下，在北京天安门广场点火自焚。2 人被及时发现制止，1 人被当场烧死，4 人严重灼伤，面目全非。在这起"天安门自焚事件"中，最小的自焚者年仅12 岁。

**<<<<<案例 2-4："全能神"邪教组织** …………………………………………

2012 年 12 月 21 日，一个叫作"全能神"的邪教组织浮出水面，因其大肆宣扬"世界末日"而受到很多人的关注。"全能神"邪教组织又名"东方闪电""实际神"，其教义引用和曲解了基督教的《圣经》，是一个危害极大的邪教组织。不少被邪教组织诱骗加入的群众深受其害，该组织甚至煽动其成员离家出走，把全部身心和财产交给教主，致使许多原本幸福美满的家庭支离破碎，许多原本贫穷困苦的家庭雪上加霜。

### 案例点评

诸如"法轮功""全能神"等邪教危害极大，不仅利用违法手段敛取钱财，而且控制教徒的思想，是我国国家和社会安全的"定时炸弹"。大学生们必须看清邪教的本质，崇尚科学，坚决反对邪教。

### 知识链接

1. 邪教组织

邪教组织是指冒用宗教、气功或者其他名义建立，神化首要分子，利用制造、散播迷信邪说等手段蛊惑、蒙骗他人，发展、控制成员，危害社会的非法组织。

2. 邪教组织的特点

（1）推行狂热的教主崇拜。在邪教组织中，信徒崇拜的一般不是人格化的"神"，而是神化了的"人"。教主的能力"超乎常人"，甚至可以主宰世界、左右人类，其地位高于一切，其权力无所不能。

（2）实施严酷的精神控制。邪教教主通常会用一系列的手段对信徒在组织上和精神上进行控制。其实施精神控制的主要手段有三种：诱骗、"洗脑"和恐吓。

（3）编造和传播以"末日论"为核心的歪理邪说。当今世界的邪教组织无一例外地宣扬"世界末日将至，人类在劫难逃"，只有加入他们的组织，才能"逃避劫难，超升天国"等歪理邪说。

（4）疯狂地敛取钱财。现代邪教的教主大都是非法敛取钱财的高手，他们靠盘剥信徒的血汗钱、偷税漏税来聚敛钱财，恣意挥霍。

（5）有严密的组织机构。为了实施控制，逃避打击，邪教组织一般都有严密的组织机构，而且经常秘密聚会，活动十分诡秘。

（6）对社会和谐稳定造成严重危害。只要是邪教，都是与现实社会相对抗的。而且邪教的教主大多怀有政治野心，其对抗社会甚至对抗政府，妄图推翻国家政权。

3. 邪教与宗教的区别

冒用宗教的名义进行传播的邪教，与宗教有一些相似之处，但是，邪教终归不是宗教，它与宗教有着本质的区别。

（1）宗教教人遵纪守法，邪教则指使成员从事恐吓、绑架、杀人等违法犯罪活动，扰乱社会秩序。

（2）宗教教导人们遵守道德，邪教则使用种种伎俩骗敛钱财，煽动成员抛弃家庭，蛊惑妇女以色情手段拉人下水，邪教头子还以"传教"和救人为名玩弄、奸淫妇女，败坏社会伦理道德。

（3）宗教强调服务社会，邪教则宣传现在的社会是堕落的、是魔鬼当道的末日时代，煽动成员仇视社会。

（4）宗教要求信徒接受党和政府领导，邪教则攻击现在的政府是邪恶政府，要建立神的国度来取而代之。

（5）宗教有合法登记的团体组织和活动场所，邪教则秘密建立非法组织，没有公开的活动场所，从事地下活动。

（6）宗教教导人们与家庭成员和周围的人和睦相处，邪教则要求成员向家人和社会隐瞒真相，抛弃家人，远离社会进行秘密的非法聚会。

（7）宗教尊重生命，邪教则蛊惑成员为了"升入天堂"或者追求圆满而舍弃生命甚至残害生命。

### 4. 邪教的危害

（1）破坏家庭。邪教组织煽动成员抛弃家庭，外出传播邪教，鼓吹"传得越多，将来就可进天国"。许多成员因此离家出走，给家人造成了巨大痛苦，甚至导致家庭破裂，家破人亡。

（2）骗取钱财。有的邪教散布"现在灾难就快要来了，钱财、粮食放在家里不保险，只有放在天国才安全，一分捐献可以得到十倍的回报"。有的邪教组织甚至成立了"天国银行"，哄骗群众交出财产，坑害了众多善良的老百姓。有些受骗的群众甚至把辛苦一年收获的粮食和钱都交给了邪教组织。

（3）破坏生产。邪教的歪理邪说欺骗和误导了很多群众，致使一些邪教成员变卖家产用于吃喝，坐等"世界末日"。有的邪教宣扬吃"赐福粮""生命粮"，"成员可以每人每天只吃二两粮食，不用种庄稼"，主张"不要搞农业生产，庄稼不用打药，天父会照看的"，致使众多邪教成员整天在家祷告，放弃劳动生产。

（4）奸淫妇女。邪教组织的领导者口口声声行善积德，实际上却流氓成性，过着荒淫无度的生活，多数都借着"神"的名义奸淫玩弄妇女，严重摧残妇女的身心健康。

（5）残害生命。邪教欺骗农民群众加入邪教组织的一个重要手段是声称"信教能治病"，胡说"信主可以免灾，祷告可以治病"，"只要虔诚祷告，不用打针、吃药疾病自然会好"，不让患病的成员去医院看病，或用骗术来为成员治病。一些农民群众因此耽误了治疗而导致死亡，或者被邪教用巫术致死、致残。一些人加入邪教后精神错乱，甚至行凶杀人。邪教还以绑架伤害等手段威胁其成员不得背叛组织，否则就遭到断手脚、割耳朵、坐地牢、毒死等报复。

（6）毒害青少年。邪教利用未成年人识别能力较低的弱点，极力在未成年人中发展成员，给他们的身心健康和成长造成难以挽回的损害。

（7）煽动反对政府，扰乱社会秩序。邪教头子煽动成员发泄对现实和政府的不满。在邪教的煽动下，一些地区多次发生邪教成员围攻政府机关、殴打基层干部、阻碍公安干警执行公务的事件，导致一些政府机关无法正常办公。

（8）危害农村基层政权。一些邪教在乡村设立组织，任命骨干，妄图取代农村基层政权。他们有目的地拉拢党、团员和基层干部，侵蚀基层党政组织。在一些邪教活动突出的地方，村干部召集群众开会竟要事先经过邪教头目的同意。有的邪教组织甚至插手村级选举，鼓动群众将选票投给他们"中意"的候选人。

### 预 防 与 处 理

邪教是社会的毒瘤，是任何一个负责任的政府所不能容忍的。大学生应通过以下方法防范和抵制邪教。

（1）崇尚科学，树立防范和抵制邪教的意识，提高识别防范邪教的能力。

（2）不听、不信、不传。不听邪教的宣传，不相信邪教的鬼话，更不要帮着邪教去传播。如果自己的亲戚朋友、邻里同事有人信了邪教，要热心劝阻。

（3）检举揭发邪教的违法活动，见到邪教骗人、非法聚会、搞破坏活动时，要及时向公安机关报告。

（4）破除迷信思想，正确对待生老病死。

（5）正确对待人生坎坷，增强追求美好生活的勇气和信心。遇到困难或不顺心时，要向单位组织、亲朋好友以及政府寻求帮助。

（6）树立勤劳致富思想，通过自己的努力创造美好生活。

## 第三节　远离恐怖活动

自 20 世纪 60 年代末以来，恐怖主义在世界范围内日趋泛滥，严重危害了人们生命财产的安全。近十几年来，恐怖活动接连发生。美国"9·11"事件、印度尼西亚"巴厘岛事件"、俄罗斯"别斯兰人质事件"、西班牙"马德里火车连环爆炸案"、我国昆明火车站暴恐事件、巴黎恐怖袭击事件历历在目，发人深省。恐怖分子以残忍的手段残害无辜百姓，破坏社会安定环境，其行为令人发指。人们对恐怖活动已越来越憎恨。作为当代大学生，应该意识到恐怖主义的危害，并且设法远离恐怖活动。

### 常见案例

#### <<<<< 案例 2-5：纽约世贸中心遭遇恐怖袭击案 ⋯⋯⋯⋯⋯⋯⋯⋯

2001 年 9 月 11 日，美国四架民航飞机遭恐怖分子劫持，其中两架撞击了纽约世界贸易中心，两座塔楼相继坍塌，一架飞机撞击了华盛顿附近的五角大楼，另一架坠毁在宾夕法尼亚州的匹兹堡附近，共造成 3000 多人死亡或失踪。

#### <<<<< 案例 2-6："3·14"暴力恐怖事件 ⋯⋯⋯⋯⋯⋯⋯⋯⋯⋯

2008 年 3 月 14 日上午，西部某市市区发生了严重的打砸抢烧暴力犯罪事件。犯罪分子纵火 300 余处，18 名无辜群众被烧死或砍死，受伤群众达 382 人。这起由西藏达赖集团组织并发起的恐怖活动被称为"3·14"事件。

#### <<<<< 案例 2-7：居民走访发现暴恐团伙事件 ⋯⋯⋯⋯⋯⋯⋯⋯

2013 年 4 月 23 日 13 时 30 分，西部某乡镇 3 名社区工作人员到居民家中走访，在一居民家中发现多名可疑人员和管制刀具，遂用电话向上级报告。之后被藏匿于屋内的暴徒控制，造成民警、社区工作人员 15 人死亡、2 人受伤。在处置过程中击毙暴徒 6 人，抓获 8 人。经过调查，确定这是一个预谋进行暴力恐怖活动的团伙。

## 案例点评

虽说我国目前社会形势大好，但是暗地里涌动的恐怖主义却不容忽视，尤其是在偏远地区，人民群众很容易被恐怖分子利用，进行危害国家安全和社会稳定的活动。

## 知识链接

1. 恐怖活动的定义

中华人民共和国第十二届全国人民代表大会常务委员会第十八次会议于 2015 年 12 月 27 日通过的《中华人民共和国反恐怖主义法》规定："本法所称恐怖活动，是指恐怖主义性质的下列行为：

（1）组织、策划、准备实施、实施造成或者意图造成人员伤亡、重大财产损失、公共设施损坏、社会秩序混乱等严重社会危害的活动的；

（2）宣扬恐怖主义，煽动实施恐怖活动，或者非法持有宣扬恐怖主义的物品，强制他人在公共场所穿戴宣扬恐怖主义的服饰、标志的；

（3）组织、领导、参加恐怖活动组织的；

（4）为恐怖活动组织、恐怖活动人员、实施恐怖活动或者恐怖活动培训提供信息、资金、物资、劳务、技术、场所等支持、协助、便利的；

（5）其他恐怖活动。"

2. 恐怖活动的危害

恐怖活动的危害主要表现在以下几个方面：

（1）恐怖活动漠视国家主权和基本人权，无视联合国在国际安全事务中的地位和作用，造成一定范围内的无政府状态；漠视国际人道主义基本原则，滥用暴力或极端手段，造成大量人员伤亡。

（2）恐怖活动通过各种非法渠道敛取钱财，破坏社会人力资源，损坏社会公共设施，造成财产直接损失，损毁多年积累的人类文明成果，毁灭性地破坏人类赖以生存的自然资源环境，对世界经济造成直接或间接危害。

（3）恐怖活动践踏国际法基本原则，违背世界和平与发展两大主题，对国际政治、经济新秩序，尤其是对国际法律新秩序构成极大威胁。

## 预防与处理

纵观世界上发生的恐怖活动，主要方式有爆炸、绑架以及劫持人质、暗杀、投毒、破坏计算机信息系统等。下面介绍在大学校园中发生可能性较大的几种恐怖活动及其应对措施。

1. 恐怖爆炸活动及应对

恐怖爆炸是恐怖分子利用各种类型的爆炸装置，以隐蔽或伪装的形式对人员或各类设施进行突然袭击，造成破坏并引起社会恐慌的恐怖活动。一旦发生恐怖爆炸活动，我们应该采取以下措施自救。

（1）掩蔽。发生爆炸时应就近掩蔽或卧倒，护住重要部位。

（2）灭火。就近寻找灭火器灭火，火势较大无法扑灭时，用随身携带的口罩、手帕或衣角捂住口鼻；若在密闭空间内烟味太呛，可用矿泉水、饮料等润湿布块，防止因吸入烟雾和毒气引起窒息。

（3）撤离。如果发生大量人员撤离时，老人、妇女、儿童尽量靠边走，防止被挤倒受到踩踏伤害；人员拥挤时，要用一只手紧握另一只手手腕，双肘撑开，平放于胸前，微微向前弯腰，形成一定的空间，保证呼吸顺畅，以免窒息晕倒；若被挤倒，应设法让身体靠近墙面或其他支撑物，把身子蜷曲成球状，双手紧扣置于颈后，保护身体重要部位和器官。

（4）抢救。有能力的人员应协助警方和医务人员抢救伤员，就地取材，对伤员进行止血、包扎、固定。搬运伤员时应注意使脊柱损伤人员保持水平位置，以防止移位而发生截瘫。

（5）协助。在警方对现场进行搜查以发现是否还有未爆炸的爆炸装置时，应注意协助保护现场，并及时向警方提供可疑人员、物品等线索。

2. 恐怖投毒活动及应对

大学校园投毒事件往往由食堂炊管人员心理问题引发，有的是一些人心理承受能力差，采取投毒方式报复领导；也发生过在校学生成绩不好或对食堂伙食不满等原因进行投毒的。

针对这种情况，应该增强大学生法制意识和防范意识。一方面，如果对学校管理制度有意见，大学生应该在法律和学校相关制度允许的范围内妥善处理这些矛盾和意见，学会换位思考，理性调整自己的心态，切不可采取过激行为。同时，发现存在心理问题的同学或是炊管人员，要及时向学校有关部门反映，以便学校及时采取干预措施，避免问题扩大化。

3. 对绑架劫持的应对

绑架是一种恶性犯罪行为，其手段十分恶劣，往往使用暴力，对青少年的身心摧残十分严重。一般说来，绑架主要是为了索取高额钱财，其作案手段除了少数强行劫持外，更多的是采取诱骗的方法。

如果不慎落入"虎口"，要保持冷静，要善于智斗，见机行事，以争取时间，并在不被歹徒发觉、怀疑的情况下，尽可能与外界进行联络。因为当你不幸被绑架后，父母、亲戚及公安人员一定会竭尽全力地营救你，所以你应把歹徒稳住，拖的时间越长越好。

4. 如何识别可疑人物、车辆和爆炸物

（1）可疑人物。看其神情、着装、携带物品是否正常，行为是否正常，如是否反复在人员密集场所或党政机关办公区附近逡巡观察。

（2）可疑车辆。除了观察车的状态、乘车人员、装载物品是否异常外，还可留意是否停留异常、行驶异常。

（3）可疑爆炸物。一看、二听、三嗅（如黑火药会有臭鸡蛋味，自制硝铵炸药会有明显氨水味等），别触碰。

5. 公交车上遇到纵火怎么办

（1）呼救灭火。大声告知司机"着火啦"，同时打开车门，用随车灭火器灭火。

（2）迅速下车。打开车门和逃生窗，按顺序快速下车。

（3）自救互救。采取正确方法及时灭火，帮助他人扑灭身体衣物之火；协助医务人员救助。

6. 遇刀斧砍杀袭击怎么办

（1）快速跑开。看到有人手持刀斧砍杀时，丢弃携带物品，迅速跑开远离。

（2）迅速躲避。利用身边的建筑物、树木、车体、围栏、柜台等物体阻挡躲避砍杀。

（3）奋力反抗。在无法跑开或躲避时，联合他人，利用随身携带物品和随手能够拿到的物品奋力反抗。

（4）及时报警。拨打110报警，说明时间地点、歹徒人数与特征等。

（5）自救互救。到达安全区后，及时检查是否受伤，实施自救互救。

7. 遇枪击如何选择掩蔽物

（1）位置。掩蔽物最好处于自己与恐怖分子之间。

（2）质地。选择密度质地不易被穿透的掩蔽物，如墙体、立柱等；木门、铝制门等虽不能够挡住子弹，不能作为掩蔽体，但能够起到掩蔽作用。

（3）体积。选择能够挡住自己身体的掩蔽物。

（4）形状。掩蔽体形状规则，就容易躲避子弹；不规则物体容易产生跳弹，掩蔽其后容易被跳弹所伤。

8. 遇到驾驶机动车冲撞辗轧恐怖袭击怎么办

（1）迅速躲避。看到有车辆冲撞辗轧过来，要迅速向两侧跑开，躲避冲撞辗轧车辆。

（2）及时报警。拨打 110 报警，告知什么时间、什么地点、什么车辆进行冲撞辗轧。

（3）自救互救。到达安全区后，及时检查是否受伤，发现受伤，及时进行自救互救。

# 第三章　人身安全

人身安全是大学生最基本、最重要的安全。大学生因缺乏社会阅历、法制意识淡薄，常常会发生被人伤害和伤害他人人身安全的案（事）件，从而影响自身的健康发展。

人身安全是指个人的生命、健康、行动等没有危险，不受到威胁，它是人们赖以生存、活动的重要条件，是安全之本。随着社会的发展进步，大学生的生活空间大大扩展，交流领域也不断地拓宽。我们不但要在校园内学习、生活，还要走出校园参加众多的社会活动，危及人身安全的危险因素随之不断增多。稍有不慎，就会造成不幸，给家庭带来痛苦，给社会加重负担。因此，在校园生活和社会活动中切实保证人身安全，提高防御能力，是大学生安全教育之根本。

## 第一节　防范日常纠纷

大部分当代大学生是血气方刚的年轻人，加上认知能力和生活阅历的局限，大学生缺乏必要的安全常识和自我保护意识，往往因为青春期特有的强烈自尊心和争强好胜心理，在处理人际关系矛盾时，缺乏自我控制能力和法制意识，而采取简单甚至极端的做法，使得校园纠纷时常发生，酿成伤害事故。

### 常见案例

#### <<<<<案例 3-1：大学生持刀伤人案 ………………………………………

2015 年 6 月 29 日 23 时许，某高校吕某、尹某、张某、李某等学生在宿舍楼顶聚餐烧烤。其间一学生赵某上楼顶找人，在询问吕某等人的过程中发生口角。赵某认为吕某以多欺少，感觉受到了欺负，于是下到寝室找了一把刀，并叫上室友姚某再次上楼顶找吕某等人理论。理论过程中因双方处理不当而导致冲突升级，发生打架斗殴，赵某在打架过程中用刀伤人，造成吕某、尹某、张某、李某四名学生受伤的严重后果。事后，检察机关以故意伤害罪对其提请公诉。为赔偿医疗费用及各项开支 20 余万元，家人不得不卖掉唯一的房产，自己也因此案被迫退学。其他参与打架的学生根据情节轻重也都受到了校纪校规的相应处罚。

#### <<<<<案例 3-2：大学生夜宵店打架案 ………………………………………

2013 年 6 月 17 日晚 12 时许，某高校学生陈某、何某、宋某、张某等六人在校大门口对面吃夜宵，因张某和另一桌的刘某（该校毕业生）等一群人相识，于是过去敬酒。喝完酒回到原桌几分钟以后，刘某一群人过来给他们回敬酒。刘某说，敬酒时，陈某这方有人故意推拉了他们，双方因言语不合，就动手打了起来。打斗中，何某头部受伤，宋某盆骨受伤，赵某脚部受伤，刘某的朋友臧某手被割伤，后经法医鉴定，住院的三名学生均为轻微伤。经学校保卫处、地方派出所调解，刘某及其朋友给何某等受伤学生赔付了 6 万余元医疗、营养等费用。所有参与打架的学生均受到了学校相应的纪律处分。

### 案例点评

大学生打架斗殴案（事）件大多是由于法制观念淡薄，年轻人意气用事，加上缺乏个人修养，自控能力差，丧失理智引发的。结果往往是自己违法违纪，还要付出巨额经济赔偿的代价。

### 知识链接

1. 大学校园常见纠纷

（1）集体宿舍纠纷。集体宿舍是学生生活、学习和活动的重要场所，纠纷的发生率较高。

（2）食堂纠纷。食堂中发生的纠纷多由下列因素引起：一是插队，或委托熟悉的同学代买饭菜，变相插队；二是因人多拥挤，饭菜泼洒在身上，或不小心冲撞了别人；三是与食堂工作人员发生矛盾，引起争吵。

（3）图书馆纠纷。主要原因有抢座位、争图书资料以及大声喧哗影响别人看书学习等。

（4）球场纠纷。主要原因有争夺场地，比赛中对裁判裁决持有不同意见，或者某方失利，本方的观众争吵起哄等。

（5）购物纠纷。学生在购物中，常会因价格、数量、质量等问题与营业人员发生争执。

2. 发生纠纷的原因

（1）不拘小节容易发生纠纷。

（2）开玩笑过分容易发生纠纷。

（3）猜疑容易发生纠纷。

（4）骂人或出言不逊容易发生纠纷。

（5）嫉妒他人容易发生纠纷。

（6）不谦虚，狂妄自大，目中无人，容易发生纠纷。

（7）极端利己，不容他人，容易发生纠纷。

3. 发生日常纠纷的危害

大学生日常纠纷发生的原因多种多样，很多时候可能只是为了逞一时之快而酿成悲剧。

（1）损害大学生形象。当代大学生是跨世纪的人才，生活在继往开来的伟大时代。新技术的发展，中华民族的振兴，不但为大学生成才提供了广阔的前景，也在同学们身上增添了新的历史重任。因为日常纠纷而动手打闹，不仅损害了自己的人格，而且玷污了大学生这一光荣称号。尽管闹纠纷的只是少数人，而受到损害的却是整个大学生的形象。

（2）妨碍内部团结。因日常纠纷而逞强好斗会伤害同学之间的感情，不利于内部团结，严重破坏大学生成才的优良环境。

（3）酿成刑事案件，葬送前程。就纠纷发生的直接原因而言，多数是微不足道的小事，但是一旦成为纠纷，后果则十分严重。例如，恋爱纠纷可能使人丧生；同学之间的一些琐事纠纷也可能酿成血案。我们应当引以为戒，牢牢记住血的教训。

**预 防 与 处 理**

1. 预防日常纠纷

纠纷是大学生活中的常见现象，又往往会造成严重后果，大学生应尽力防止发生纠纷，避免一失足成千古恨。

（1）冷静克制，切莫莽撞。无论争执是由哪一方面引起的，都要持冷静态度，绝不可感情冲动，对于那些可能发生摩擦的小事要宽容对待，一笑了之。

（2）诚实谦虚。在与同学以及其他人相处中，诚实、谦虚是加强团结、增进友谊的基础，也是消除纠纷的灵丹妙药。有了诚实、谦虚的精神，在发生纠纷的时候，就能认真听取他人意见，认真进行自我批评，宽容他人的过失，处理好相互之间的关系。

（3）言语文明。实践证明，大学生中的纠纷多数由口角引起，而口角的发生是恶语伤人的结果。

2. 应对日常纠纷

当遇上别人打架斗殴时，应阻止事态扩大，并做到以下几点。

（1）不围观，不起哄，不介入任何一方。

（2）尽力劝解。先问明情况，站在公正的立场上做双方的工作。若劝解无效，应迅速向院系辅导员、领导或保卫部门报告，以防扩大事态。

（3）打架的一方如果是你的朋友、同学或熟人，在劝解时要主持公道，不偏袒任何一方。

（4）朋友、同学与别人打架时，如果是真心关心帮助他们，就应劝架，绝不能讲哥们义气，不问青红皂白、是非曲直，帮忙打架或"事后算账"。否则将造成伤亡等不良后果，必将受到校纪处分或法律制裁。

（5）当学校有关部门调查打架情况时，现场目击人要勇于站出来提供线索和证据，以保护受害人的合法权益，使肇事者受到应有的惩处。见义勇为是每一个公民应尽的义务。

## 第二节　防范寻衅滋事

寻衅滋事是大学校园中比较常见的人身伤害行为，大多是校内或校外人员对大学生进行恐吓或勒索钱财等，对大学生的日常生活和学习造成较大影响。

## 常见案例

### <<<<< 案例 3-3：校园强行推销饭庄优惠卡案 ·····················

以"大哥"恩某为首的 7 人原本是某大学的学生，退学后在该大学外开了一家××饭庄，并推出优惠卡，发动手下弟兄卖给学生。为顺利售卡，恩某等人向学生保证"买卡后就是我们的人，以后在学校罩着你"，一旦遭拒，恩某等人便使用言语、暴力威胁学生，强行出售，并强迫拿不出钱的学生赊账。恩某等 7 人的行为严重影响了学校的正常管理和学生的学习生活秩序，当地公安机关迅速抓捕了 7 名犯罪嫌疑人，他们面临的将是法律的判决。

### <<<<< 案例 3-4：碰瓷诈骗大学生案 ·····························

2012 年的一个晚上，某大学三名学生在大街上散步，一名过路人撞了过来。那人捡起落在地上的眼镜说："你眼睛瞎了，我这副眼镜是进口玻璃、进口镜架，花费了4800 元。"不知"行情"的同学大声争辩，想不到又走来一伙人，摆出一副公道的样子说："你们撞人不认账，还想打人，如果不赔偿，我们要帮他摆平。"三名同学见势不妙，只得掏光身上的钱当作赔偿。

## 案例点评

大学生由于身处校园，不知社会险恶，加之自卫能力较弱，遭遇不法势力滋事时，不敢做出反抗，只能逆来顺受，不仅损失钱财，而且身心受到很大伤害。这就要求学校相关部门做好校园管理，杜绝校外无关人员进行滋事，为学生营造一个安全的学习环境。

## 知识链接

1. 滋事

从广义的角度讲，滋事是指外部人员无视国家法律和社会公德而寻衅滋事、结伙斗殴、扰乱校园秩序等行为。从狭义的角度讲，滋事是指对校园秩序的破坏扰乱，对大学生进行无端挑衅、侵犯乃至伤害的行为。滋事是一个涉及学生、家长、社会等诸多方面、复杂因素交错的社会问题，大学生必须高度注意，极力预防和避免外部滋事，以保证学校教学、科研正常有序地进行。

2. 相关法律规定

《治安管理处罚法》第二十六条规定：有下列行为之一的，处五日以上十日以下拘留，可以并处五百元以下罚款；情节较重的，处十日以上十五日以下拘留，可以并处一千元以下罚款。

(1) 结伙斗殴的;

(2) 追逐、拦截他人的;

(3) 强拿硬要或者任意损毁、占用公私财物的;

(4) 其他寻衅滋事行为。

3. 大学生受外部滋事的常见形式

(1) 校外的不法青少年在与少数大学生进行交往时,一旦发生矛盾或纠葛,便有目的地入校寻衅滋事、伺机报复等。

(2) 不法青年在游泳、沐浴、购物、看电影、参加舞会、观看比赛甚至走路等偶然场合,与大学生发生矛盾,进而酿成冲突。

(3) 不法青年专门尾随女同学或有目的地到学生宿舍、教室等处骚扰、调戏、污辱女生,甚至对女同学动手动脚,致使女大学生受到种种伤害。

(4) 青少年犯罪团伙邀约到校园内斗殴,从而使围观或路过的学生无端遭殃。

(5) 外来人员或某些法纪观念淡薄的教职工子女与学生争抢活动场地,从而引发矛盾和冲突。

(6) 一些游手好闲的青少年把学校当作玩乐场所,在校园内游逛,或故意怪叫谩骂、吵吵嚷嚷,或有意扰乱秩序。大学生与这类人员发生正面冲突的可能性很大。

(7) 有的不法青年喜欢在师生休息的时候不停地拨打电话,或者无聊地谈天说地,或者口吐污言秽语,以滋扰别人不能入睡为乐,这就是电话滋扰。

(8) 少数无赖之徒,千方百计地打听异性大学生的姓名和电话号码,然后不停地给其写信、打电话,不是低级庸俗的谈情说爱和造谣中伤,就是莫名其妙的恐吓和威胁,甚至敲诈勒索,给被害人在精神上带来极大的痛苦。

## 预防与处理

大学生在遇到校外人员滋事时,一方面要敢于出面制止或将不法分子扭送到有关部门,或及时向学校保卫部门报案,或打"110"电话报警,以便及时抓获犯罪嫌疑人,予以惩办。另一方面,要加强自身的修养,冷静处置,不因小事而招惹是非,积极慎重地同外部滋事这一丑恶现象作斗争。

1. 提高警惕,慎重处置

面对违法青少年挑起的寻衅滋事,千万不要惊慌,而要正确对待。要问清缘由、弄清是非,既不畏惧退缩,避而远之,也不随便动手,一味蛮干。而应晓之以理,以礼待人,妥善处置。

2. 积极干预,制止滋扰

如发现寻衅滋事事件,要及时向老师或学校安全保卫部门报告,一旦出现公开侮辱、殴打自己的同学等各类恶性事件，要敢于见义勇为，挺身而出，积极地揭露和制止。要注意团结和发动周围的群众，对滋事者形成压力，迫使其终止寻衅滋事行为。

3. 注意策略，讲究效果

在许多场合，滋事者显得愚昧而盲目、固执而无赖，有时仅有挑逗性的言语和动作，叫人可气可恼而又抓不到有效证据。遇到这种情况，一定要冷静，注意讲究策略和方法，一方面及时报告并协助有关部门进行处理，另一方面对其进行正面劝告，避免纠缠，目的是避免事态扩大，不把自己与无赖之徒置于同等地位。

4. 运用法律，保护自己

面对寻衅滋事事件，既要坚持以说理为主，不轻易动手，同时又要注意留心观察，掌握证据。比如：有哪些人在场，谁先动手，持何凶器，滋事者有哪些重要特征，案件大致的经过是怎样的，现场状况如何，滋事者使用何种器械、有何证件，毁坏的衣物和设施是什么，地面留有什么痕迹等等。

## 第三节 校外租房安全

尽管教育部门对大学生校外租房持坚决反对的态度，各大学也明令禁止，但大学生因各种原因搬出学生宿舍另外租房的现象还是越来越多。然而，大学生们却没有考虑到，学校周边往往人员复杂，治安环境差，被盗、被抢等案件时有发生，出租房存在诸多安全隐患，大学生在外租房引发的治安事件和安全事故屡见不鲜。

**常见案例**

### <<<<<案例3-5：大学生出租房煤气中毒案 ………………………

某高校女学生王某与男友黄某未经学校允许，私自在学校对面一居民房内租房居住。2011年12月27日晚，王某在出租屋的卫生间用液化气热水器洗澡时，由于室内通风不畅，加之王某洗澡时间过长，发生了煤气中毒导致死亡。

### <<<<<案例3-6：大学生租房被抢劫致伤案 ………………………

2016年5月19日凌晨3时许，某高校学生彭某在其租住的某民居里进行"网络直播"时，一蒙面男子破门而入，抢走联想手提电脑一台、苹果手机一部、金项链一条，现金1900余元，被抢财物共计1.4万余元。在犯罪嫌疑人抢劫财物的过程中，彭某高声求救，犯罪嫌疑人用匕首将其手臂多处划伤后迅速逃走。

## 案例点评

高校周边出租屋大多布局杂乱，很多通道设计不合理，租住人员构成复杂，出租屋管理存在严重漏洞，周边治安环境复杂，导致打架斗殴、抢劫、盗窃、性骚扰等案（事）件层出不穷。

## 知识链接

1. 租房

一个或多个承租人为了满足居住、商业或商住两用的意愿而租用一个单间或整套房间的行为称为租房。

2. 租房的正规流程

（1）双方签订租赁合同。

（2）房主查看房客身份证，并索取复印件作为合同附件。

（3）房客查看房屋产权证明、房主身份证。

（4）合同签字与产权证的产权人相同，如不相同需有产权人的代理委托书。

（5）办理合租合同时，需有房主的同意出租（或同意转租）证明。

（6）定房的时候如果房主要求支付订金，也需要查看以上证件，一般订金不超过租房合同总金额的 20%。

3. 常见的中介骗局

大学生由于经济能力有限，通过小型中介公司租房的为数不少。由于对中介市场不了解，缺乏经验，上当受骗的大有人在。下面向大家介绍几种常见的中介骗局。

（1）诱人的虚假广告。

不法中介在报纸、网络上发布一些虚假房源信息，引诱租房人上钩。等到租房人表示承租意向时，就以该房已租出为由向其推荐其他房屋，骗取租房人的看房费、信息费。

（2）免佣金。

俗话说："天下没有免费的午餐。"当中介公司宣称免收中介费时，就应小心了。不法中介使用各种手段骗取业主信任后，以极低的价格代理业主房屋出租事宜，然后利用租房人对租房行情不了解的特点，暗地里大幅提高房租，获取差价。

（3）一次性收取长期租金。

一些不法中介公司打着房屋出租代理的名义，以各种优惠条件从业主手中骗得房屋钥匙及一个月的空置期，以月付的方式支付租金，同时刊登低价出租广告吸引租房人士，如承租人看中此房，至少要以押一付三的方式支付房屋租金，而更多的人是采取半年付、年付的方式来支付租金。不法中介采用这种手段聚敛现金，然后伺机携款出逃，从而给租房人带来巨大的财产损失。

建议大学生经学校批准同意后首次租房时不要签长期合同，一方面，因为手中现金少，一次性支出太多，难以应对将来的不时之需。另一方面，初次租房往往考虑不周，仓促入住后才发现存在诸多问题，退租也没有主动权，只能将就到合约期满。如果时间紧张，尽量寻找短期房源，短期租金比长期租金略高，但可以利用这段时间看一看是否有更好的选择。

（4）"见不得人"的房东。

不法中介首先租下一套合适的房子做道具，然后雇请一名业务员冒充房东，报出的出租价格远远低于市场价格。当顾客看房满意与假房东签下合同并交纳了中介费后，这位假房东却找出各种理由不肯出租了。顾客找公司退钱时，公司说双方已签租赁合同，中介服务已经完成，房东属单方违约，中介费不予退还。

另一种可能的情况是租房人通过中介找到适合的房屋，被要求先付中介费或看房费，然后才能提供"房主"的联系方式。当租房人联系到"房主"看房时，"房主"会以最近很忙、没时间或者正在出差等种种理由推托。

（5）名目众多的费用。

①信息费。当租房人与中介公司在租赁代理费用上不能达成一致时，中介公司会提出优惠方式，即租房人交纳为数不多的一笔费用后，一般为300～500元，中介公司会为租房人提供若干条房源信息，由租房人自己去联系。

②押金。又称看房费，不法中介在手中没有现成可作道具的房源时，便想出在看房前收取所谓的押金的骗术。租房者缴费后，中介想尽一切办法拖延看房，或者向租房者推销条件差的房源，然后以种种理由拒不退款，甚至采取恐吓、武力等暴力手段迫使租房人放弃"押金"。

（6）合同陷阱。

无论是房东还是房客在委托中介公司为之出租或租赁房屋时，都要与之签订一份委托合同，在合同中设置陷阱是不法中介惯用的手法。

**预防与处理**

大学生选择校外租房的原因多种多样，如考试需要安静的学习环境，而学生宿舍太吵太闹；硕士或博士研究生谈了男女朋友，在宿舍相处不方便；不想受制于学校限电限时的约束，追求"自由自主"等。大学生在经学校批准后可以从以下几点做起，保证租房的安全。

1. 房比三家

租房时要尽量多跑几家，多做比较，优中选优，选择最适合自己居住的房屋，同时注意四周环境是否安静、安全、卫生等。

2. 订金慢些交

租房时不要急于交订金或租金，最好从正反两方面来考虑自己的决定。如有朋友可以商量会更好。

3. 押金说清楚

租房者在交纳房屋押金时要与业主协商好是押一付三、押二付三还是押二付四。因为当租房者合同期满要求退租时，房主可能会以房屋设施损坏或者其他借口作为条件来克扣租房者的押金，造成租客不必要的损失。

4. 租金少交些

为了讨价还价，租房者要尽量把租住期说得长一些，但一次性交纳的租金还是越少越好。

5. 明确房屋信息

要明确房屋所在的位置、间数、面积、质量、租赁期限、租金及支付期限与支付方式等。

6. 租房合同要细

要明确水费、电费、煤气费、电话费、光缆电视收视费、卫生费和物业管理费等由谁支付，并列明租住前的各项数字以区分责任。同时还要对房屋维修及费用问题作出约定。

7. 完备租赁手续

房屋产权证明并非是合法出租的充分条件，还应按有关规定办理房屋租赁许可证，租赁合同经过租赁登记方可生效。

8. 清点房屋设施

租房者在承租房屋时一定要清点好房屋内部的设施，如门窗、家电、家具、煤气等，并且在看房时检查一下家电的运行情况、家具的完好程度等，然后将其一一列入清单。最好注明出现故障时维修费用由谁来承担，以避免租房者在入住之后家用电器等出现故障时，因维修问题与房主产生矛盾。

经学校相关职能部门审批后在校外租住的同学，要注意以下五点：

（1）要选择通道设计合理、消防通道畅通的出租房租住。外出切记切断电源。

（2）不要将大量钱财或贵重物品放置在出租屋内，也不要有出行必穿金戴银、名包名饰等露财行为。

（3）随时注意关（锁）好门窗。

（4）不单独出行，尤其是早出晚归时，最好结伴同行。

（5）与其他租住户友善相待。

# 第四节 防范性侵害

性侵害是危害大学生人身安全、影响大学生身心健康的主要问题之一。大学生尤其是女大学生了解一些应对性侵害的基本知识，掌握一些应对方法十分必要。

## 常见案例

### <<<<<案例 3-7：猥亵女生案 ……………………………………………

2015 年 9 月 22 日上午 10 点 22 分许，朱某（男，24 岁，西部某市人，无业，某211 高校往届毕业生）在某高校主教学楼 5 楼至 6 楼楼梯间的女厕所里，用手伸过卫生间挡板下面的空隙摸女学生的臀部。当晚 22 时许，嫌疑人被当地派出所民警从市区某网吧带走。经审讯，朱某交代了多次作案的违法事实。朱某一般是在晚上 9 点至 11 点时分，趁单个女生上厕所时，通过厕所隔板下面的空隙对如厕女生进行猥亵。朱某后被公安机关处以行政拘留 15 天的处罚。

### <<<<<案例 3-8：女大学生被性侵案 ………………………………

2010 年 4 月 10 日，阴雨天气，13 时许，某高校女生田某独自到市郊健身爬山锻炼身体。16 时许，该生下山返回途中，被一名 30 岁左右的男性从后抓住头发，拖进旁边柑橘林中的小屋进行强奸。该生在遭受性侵害的过程中，头脑冷静，设法稳定犯罪嫌疑人的情绪。犯罪嫌疑人见田某没有反抗，就没有进一步加害她，还与其聊天。事后，犯罪嫌疑人要求田某做他的女朋友，并索要了她的手机号码，几天后，犯罪嫌疑人拨打田某电话，被公安机关抓获。

## 案例点评

近年来，女大学生被性侵案屡见不鲜。案例 3-8 的受害者不应该一个人到野外散步，但她在遭遇侵犯时沉着冷静，设法自救，稳住了犯罪人员情绪，保护了自己的生命安全。

## 知识链接

1. 性侵犯的定义
性侵犯泛指一切种类与性相关，且违反他人意愿，对他人实施与性有关的行为。

强奸、性骚扰都是一种性侵犯，露体、偷窥等也是性侵犯的一种。性骚扰是带有性意识的接触，强奸则是违反对方意志而实施的性暴力犯罪活动。

2. 性侵犯的表现形式

暴力型性侵犯，是指犯罪分子使用暴力和野蛮的手段，如携带凶器威胁、劫持受害者，或以暴力威胁加之言语恐吓，从而对女性实施强奸、猥亵等。

胁迫型性侵犯，是指利用自己的权势、地位、职务之便，对有求于自己的受害人加以利诱或威胁，从而强迫受害人与其发生非暴力型的性行为。

社交型性侵犯，是指在自己的生活圈子里发生的性侵犯，与受害人约会的大多是熟人、同学、同乡，甚至是男朋友。社交型性侵犯又可分为"熟人强奸""社交性强奸""沉默强奸""酒后强奸"等。受害人身心受到伤害以后，往往出于各种考虑而不敢加以揭发。

诱惑性侵犯，是指利用受害人追求享乐、贪图钱财的心理，诱惑受害人而使其受到性侵犯。

性骚扰的主要形式：一是利用靠近女生的机会有意识地接触女生的胸部，摸捏其躯体和大腿等处，在公共汽车上、商店等公共场所有意识地挤碰女生等；二是暴露生殖器等变态式性骚扰；三是向女生寻衅滋事，无理纠缠，用污言秽语进行挑逗或者做出下流举动对女生进行调戏、侮辱，甚至可能发展成为强奸或轮奸。

3. 容易遭受性骚扰性侵害的时间和场所

（1）夏天，是女学生容易遭受性侵害的季节。夏天天气炎热，女生夜生活时间延长，外出机会增多。夏天校园内绿树成荫，罪犯作案后容易藏身或逃脱。同时，由于夏季气温比较高，女生衣着单薄，裸露部分较多，因而对异性的刺激增多。

（2）夜晚，是女学生容易遭受性侵害的时间。这是因为夜间光线暗，犯罪分子作案时不容易被人发现。所以，在夜间女学生应尽量减少外出。

（3）公共场所和僻静处所，是女生容易遭受性侵害的地方。这是因为，公共场所如教室、礼堂、舞池、溜冰场、游泳池、车站、码头、影院、宿舍、实验室等场所人多拥挤，不法分子可以乘机袭击女生。僻静之处如公园假山、树林深处、狭道小巷、楼顶晒台、没有路灯的街道楼边，尚未交付使用的新建筑内，下班后的电梯内，无人居住的小屋、陋室、茅棚等，若女生进入这些地方，由于人员稀少，极易遭受性侵害。

4. 犯罪分子作案动机

从犯罪分子犯罪动机的角度，将犯罪分子分为以下类型：

（1）补偿型。

大多数性骚扰者属于这类男性。长期性匮乏或性饥渴，导致一时冲动对女性做出非礼的冒犯举动。此种人的骚扰行径多是出于不同程度的亏损心理，骚扰的目的与其说是想占有女人不如说是想占便宜。

（2）游戏型。

多是有过性经验的男性，懂得女性的弱点，把女性视作玩物，对女人的非礼和不敬出于有意的游戏心态。这类男人一般是"猎物能手"或花花公子。骚扰的目的一半是为了猎奇，也为印证自己的男性"势能"和"本事"。

（3）权力型。

多发生在老板对雇员或上司对下属，尤以女秘书居多。骚扰者大都受过较好的教育，骚扰时虽然也多出于游戏心态，却比一般游戏者的表现要"高级"且"彬彬有礼"。此种骚扰者大都把女性视为"消费品"，且因为明显的利益关系，甚至认为女人喜欢这种骚扰，并把这种骚扰当作自己的"专利"。

（4）攻击型。

此种男人多半在早年和女人有过不愉快的关系史，对女人怀有较大的恶感和仇恨，把女人视为低等动物或敌人。他的骚扰有蓄意的伤害性或攻击性，骚扰者有时并不想占有那个女人，不过是满足和平衡他对女人的蔑视和仇恨。

（5）病理型。

这是带有明显病态表现的性骚扰，如所谓的窥淫癖和露阴癖。此种男性骚扰者大都是真正的性功能失调者。骚扰本身能给他带来强烈的性冲动和性幻想，却无法"治愈"他，反倒会加深他的病症。

5. 哪些女学生容易受性侵害

在性犯罪中，凡女性，无论老幼都有被侵害的可能，而以 14～28 岁的女性为主要侵害目标。女大学生多数年龄在 16～22 岁之间，正是青春年华，在年龄构成、身体条件、社会经验等多方面都是犯罪分子首选的性侵害对象。从在校女生受到性侵害的实际情况来看，下面几种类型女学生易受攻击：

（1）思想单纯型。这类型的女生缺乏社会经验，容易轻信他人，防范意识差，容易麻痹大意。

（2）爱慕虚荣型。生活上追求享乐，消费奢侈。

（3）结交广泛型。性格外向，"广交朋友"，经常与不同的异性来往，特别是经常与那些作风不正派的异性、不良社会青年打交道，这些交往容易使自己处于危险境地。

（4）贪图小利型。在和男性交往时爱占便宜，贪图钱财。

（5）行为不端型。穿着过于暴露，举止轻浮。

（6）性格缺陷型。优柔寡断，态度暧昧，独立性差，喜欢逆来顺受。处理恋爱关系不当，缺乏恋爱道德。

6. 女子防卫知识

女性因生理条件所限，力量、速度等方面都比男性差。在日常生活中，受侵害时处于弱势地位。但是，如果每一位女性懂得自爱，并且小心自己的言行举止，是可以使一些本不该发生的事情消灭在萌芽状态的。

（1）日常注意事项。

下面我们就女性在生活和工作中应该注意的一些小事提个醒，或许会给女性带来更多的安全感。

①选好车厢的位置。

乘坐公共电、汽车和地铁，如果是在上下班高峰期，车厢中人潮拥挤，难保不会出现"色狼"骚扰，碰到这些利用拥挤而占"便宜"的"色狼"，是很令女性别扭和气愤的。那么用什么方法能避免出现这种人挤人的尴尬呢？你可以有两种选择：一是每天早起15分钟搭乘人少的车子；如果不愿意为此牺牲一刻钟的睡眠，那么另一种方法就是选择所在车厢中的位置。记住，公共汽车最混乱的地方一定在车门口，而车厢前面和中间是人流较少的地方。因此，如果每天上下班的距离较远，不妨在上车后就挪挤到此两部位，以免受拥挤之苦。更重要的是，应该知道，女性最安全的位置是女孩较多的地方，应尽量以此为原则来选择乘车的位置。

②避开车厢里最危险的地方。

公交车中最易受到"色狼"骚扰的部位有两处：一是车门口，那些"摸魔"有一句口号，叫作"上车3秒，下车3秒"。他们经常趁人多拥挤时，对女性偷摸一把，因此建议女性一上车就到车厢中央。车厢中的另一危险处是车厢的连接处，因为这里是一个死角，在人多的情况下，一定要注意，不要被人推到这个危险的地方。根据警察对"色狼"的调查，发现站在前面拉手吊环下的女性是最安全的，因为"色狼"如果在此下手最容易被人发现，所以不敢轻举妄动。另外，研究证明，在车上看报、看书的女性也较少受到性骚扰。

③行车高峰期的安全"挡箭牌"。

在上下班高峰期乘车，人们像沙丁鱼般挤在车厢内。这时女性一定要巩固自己的防线，例如可以把随身背的挎包放在胸前，或者把书本放在臀部，自然抵御"色狼"的侵袭。还有一种抵御"色狼"的好方法，即上车前将外套脱下来绑在腰际。据调查，采用这种方法可以大大降低男性的欲念，的确是一种安全自然的保护法。另外，如果你喜欢带着随身听，那么，当有"魔手"出现时，你就可以有意把音量开到最大，这时周围的人一定会向你注目，"色狼"自然也会讨个没趣。

④不要在车上打瞌睡。

如果你搭乘末班车，工作一天的疲劳可能会使你困倦，这样容易给"色狼"提供机会。因此，千万要小心，不要在人前打瞌睡。如果你确因白天很忙，休息不足，在车上不得不打个盹，那么最好戴上黑色的墨镜打瞌睡，并且仍应保持正常的姿势，切勿低头沉睡。

⑤穿薄衣夜归最好披一条大披巾。

穿着露透的衣装夜归，确实是危险的举动。但作为爱美的女性，偶尔穿件薄衣也无可厚非，不过在穿薄衣出门之前，最好顺手带一条大披巾，这样在独自夜归时，就可用披巾将肩背盖好。如果穿短裙，更可以将其扎在腰间，也可以减少被"色狼"袭击的危险。

⑥穿紧身或较透明的裙子，必须加条衬裙。

如果你想穿紧身包臀的窄裙出门，就必须考虑内裤的显露问题，即不能让内裤线条显出来，这实际上也是女性穿衣的基本常识。透出内裤线条的窄裙穿着，既是很尴尬的事，也容易刺激"色狼"的感官，挑起其欲念。最简单的解决方法就是在窄裙中加一条衬裙，能起遮蔽内裤线条的作用。

⑦举止正派。

举止正派是最好的抵御武器。为什么有些女性易受到性骚扰，而另一些女性则很少遇到，除了服装、化妆等外在的表现形式区别外，主要还在于女性本身。就服装而言，注意在大庭广众面前不要穿着低开领、大开背、露肩背或过于短小紧绷的衣服，以及超短裙等。就装扮而言，不要浓妆艳抹，发型怪异，活像个失足妇女。最关键的是女性自身的修养和举止。例如行路时不要东张西望，身体摇摆扭动，给人想入非非之感。走路应该抬头挺胸，目视前方，宁可给人以清高之感，也别让人觉得轻浮。如果在街上有陌生男人向你打招呼，这里除了你本身具有的女性魅力之外，也要审视是否自己的举止有不雅之处而招来陌生人的注意。

⑧即使白天也尽量不走地下通道。

只要有可能，白天也尽量不要从地下通道穿越马路，而宁可多走几步从有红绿灯路口的人行横道穿过马路。因为对女性来说，人少的巷道或地下通道比车流更危险。别说地下通道，就是高楼大厦的走廊、人烟稀少的深巷等处，也是"色狼"出没的地方，不要以为是白天就可掉以轻心，否则吃亏的仍是女性。万一走到巷口觉得有异常时，不要犹豫，赶快回转，马上走到人多的地方。女性的这种天生本能的危险警觉，往往能使其预先做出正确的选择。

⑨万一受害时，大声呼喊表示你的情绪。

"色狼"侵袭女性时，之所以经常得逞，其中一个原因就是大多数女性在受到侵害时，往往忍气吞声，这不但不能揭露"色狼"的丑恶行径，反而还助长了他们的色胆，使之更加得寸进尺，变本加厉地进行骚扰。所以一旦你受到伤害，应该有勇气大声地斥责，这样既可有效地制止"色狼"的骚扰，又可在大庭广众之下揭露其丑恶嘴脸。

⑩避免一对一地乘电梯。

在电梯中最危险的情况就是出现一对一的局面。当然并不是每位男性都会侵犯你，但经验证明，在密闭的室内，任何人都会变得大胆，作为女性，细心谨慎一些是不会吃亏的。如果你与一个陌生男人一起乘电梯，你应该站在靠近按钮控制板的旁边，一手注意自然地放在开门按钮处，同时两眼注视对方，用心去警戒，而外表仍显得很轻松。有时当电梯快启动时，经常会有陌生男士一边喊"请等一下！"一边就想跨进电梯门来，此时如果电梯中只有你一人，那么处理的原则就只能是：他进我出。多些防备的戒心是没有坏处的，毕竟自己的身体只有靠自己来保护。

⑪夏季应尽量缩短在户外的活动时间，上下课时结伴同行，遇有违法犯罪活动应严词斥责，情节恶劣者，扭送至公安机关查处。

⑫如果行进途中遇有违法挑逗戏弄，应昂首直行，横眉冷对，不予理睬。

⑬在任何场合之下，遇到违法人员的挑衅行为，除了对方系团伙势众，受害者身单力薄难以对付而不予理睬外，只要在人多的地方，都应该采取相应的措施予以对抗，一定会得到周围群众的帮助和支持。那种软弱无能的表现，只会助长犯罪分子的气焰。因为流氓分子是一群欺软怕硬的无赖之徒，他们也害怕群众，作案时视周围群众的情绪而行。当有人出来斥责时，有的罪犯会龟缩而不敢声张，有的虽然会出言伤人，但只要群起而攻之，一定会制服他们。

（3）如何防止歹徒入室强奸。

入室强奸，是指犯罪分子使用各种手段侵入室内，强行与女性发生性关系的行为。犯罪分子侵入室内的方式很多，通常有这么几种：①以找人为借口骗开门入室；②破门或强行撬窗进入；③乘门窗未关潜入室内；④挖洞入室；⑤尾随事主跟进入室。

为了防止犯罪分子入室强奸，女性在日常生活中应注意：①单独在家时不要让陌生男性随便入室，晚上有人叫门，不论生人、熟人，隔门相约，有事明日再说；②外出或入睡时应关好门窗，防止犯罪分子潜入作案；③外出归来时应观察身后有无陌生人跟踪盯梢，如发现可疑人，不宜急于开门入室，应到周围邻居家或人多处暂避，并注意尾随者的动向，在有人协助的情况下可以当面询问；④居住环境复杂或偏僻，房屋结构陈旧和门窗不牢固的女性居民单独睡眠时应特别注意，可在门窗等易于侵入的地方，放置一些经触动易发出声响的物品。

### 预防与处理

1. 女学生如何防止遭遇性侵害

（1）筑起思想防线，提高识别能力。

特别应当消除贪小便宜的心理，对一般异性的馈赠和要求应婉言拒绝，以免因小失大。谨慎待人处事。对于不相识的异性，不要随便说出自己的真实情况。一旦发现某异性对自己不怀好意，甚至动手或有越轨行为，一定要严厉拒绝、大胆反抗，并及时向学校有关领导和保卫部门报告，以便及时加以制止。

（2）行为端正，态度明朗。

如果自己行为端正，坏人便无机可乘。如果自己态度明朗，对方则会打消念头，不再有任何企图。若自己态度暧昧，模棱两可，对方就会增加幻想、继续纠缠。在拒绝对方的要求时，要讲明道理，耐心说服，一般不宜嘲笑挖苦。中止恋爱关系后，若对方仍然是同学、同事，不能结怨成仇人，在节制不必要往来的同时，仍可保持一般正常往来关系。参加社交活动与男性单独交往时，要理智地、有节制地把握好自己，尤其应注意不能过量饮酒。

2. 女学生在遭遇性侵害时该如何处理

一般来说，女性的体力弱于男性，防身时要把握时机，出奇制胜，快准狠地击打其要害部位，即使不能制服对方，也可制造逃离险境的机会。以下几种正当防卫方法可供女性在遭遇色狼时临时使用。

（1）喊。所谓做贼心虚，色狼在实施犯罪行为时大部分是心虚的。假如色狼正处于犯罪初始阶段，女性应当大声呼救，寻求周围行人的救助。

（2）撒。若只身行路时遭遇色狼，呼喊无人，跑躲不开，色狼仍然紧追不舍，女性可以干脆就地取材，抓一把泥沙撒向色狼面部（城市女性为防侵害，可以在衣袋、书包内常备些食盐），这样做可以抢出时间，成功逃脱。

（3）撕。如果被色狼死死缠住，打斗不过，女性可以在反抗中撕扯色狼的衣裤，之后将他的烂衣裤（碎片、衣扣、断带）作为证据带到公安机关报案。

（4）抓。在犯罪分子行凶时，受害者可以向犯罪嫌疑人的面部、要害处抓去。一方面可以制止犯罪，另一方面是为了收集证据，为寻找犯罪者提供依据。

（5）踢。面对一时难以制服的色狼，可以拼命踢向他的致命部位，这样可以削弱他继续加害的能力。

（6）变。若遭色狼跟踪，不要害怕，见机变换行走路线，将其甩掉。

（7）认。受到色狼不法侵害时，女性应当瞪大眼睛，牢记色狼的面部和体态特征，记住线索，以便在报案时提供给公安人员。

（8）咬。色狼施暴时常常先将女性的双臂缚住，此时应抓住时机咬住其肉体不松口，迫使其放弃侵害。

（9）套。如果反抗不力，色狼强奸即遂，此时也不可轻易放过犯罪分子，受害者可以套取罪犯的相关信息，为脱身后报警提供证据。

（10）刺。如果遇上色狼手中有凶器，女性大学生应沉着，不要慌乱。如果发现罪犯放下凶器，可以趁机抢夺凶器进行自卫。

（11）学会用法律保护自己。对于那些失去理智、纠缠不清的无赖或违法犯罪分子，女大学生千万不要惧怕他们的要挟和讹诈，也不要怕他们打击报复。要大胆揭发其阴谋或罪行，及时向领导和老师报告，学会依靠组织和运用法律武器保护自己。千万注意不能"私了","私了"的结果常会使犯罪分子得寸进尺，没完没了。

3. 女大学生宿舍应注意哪些安全问题

（1）经常检查门窗。如发现门窗损坏，及时报告学校总务处修理。就寝前，要关好门窗，在天热时也不能例外。特别是住在一楼的女生，就寝时一定要关好门窗，拉好窗帘，防止他人偷看和进入作案。

（2）女生宿舍内不要留宿异性，尽量避免单独和男子到宿舍会面。

（3）如有人敲门，要问清是谁再开门。如发现有人想撬门砸窗闯进来，一方面积极寻求救助，一方面准备可供搏斗的器具，做好反抗的准备。无论一人或多人在宿舍，当犯罪分子来侵害时，都要保持冷静，做到临危不惧，遇事而不乱。一方面求救，另一方面与犯罪分子作坚决斗争。

# 第五节　防抢劫

抢劫是指以非法占有为目的，以暴力、胁迫或者其他方法使他人不得抗拒，强行将财物抢走的行为，通常会引起人身伤害。抢劫具有较大的危害性、骚扰性，往往转化为凶杀、伤害、强奸、猥亵等恶性案件，严重侵犯大学生的财产及人身权利，威胁大学生的生命安全，造成大学生生命、健康及精神上的损失。

## 常见案例

### <<<<<案例 3-9：女大学生校外被抢案 …………………………

小雪是北方某大学大二学生，为了迎接期末考试，她每天都在学校图书馆温习功课。2011年6月15日晚11时左右，天下着雨，她准备到校外的麦当劳吃点夜宵。但发现人很多，她便打算返回学校。

当步行至河边时，从路边突然蹿出一名男子从后面紧追上来，并用一只手捂住了她的嘴，意图抢夺她手中的包。小雪一下子蒙了，想起包里有公交卡、笔记本电脑，电脑中存储有自己的个人资料、照片以及考试重点等文件，她下意识地抓紧了手里的包，不肯撒手。见状，该男子挥刀扎向了她，致使小雪身中十余刀，因重伤晕倒。

### <<<<<案例 3-10：大学生家教被抢案 …………………………

陈某是西部某大学的在校学生，寒假期间在某招聘网站上发布信息，寻找家教工作。2013年1月15日，她接到雇主电话，来到雇主所居住的某小区。雇主樊某以殴打、持刀恐吓等方法，抢走她身上仅有的 50 元，后又带着她到附近一家银行，将卡上 100 元取走。

## 案 例 点 评

这两起案件都是发生在大学生身上比较典型的抢劫案例。抢劫案件的发生，很大一部分原因是受害人防范意识差，应对抢劫事件采取的行动欠妥当，不仅给犯罪分子可乘之机，还对自身造成了伤害。

## 知 识 链 接

1. 抢劫罪的定义

根据《中华人民共和国刑法》第二百六十三条规定，抢劫罪，是以非法占有为目的，对财物的所有人、保管人当场使用暴力、胁迫或其他方法，强行将公私财物抢走的行为。

2. 校园抢劫的显著特点

校园内的抢劫案件有其显著特点：一是作案时间一般为师生休息或校园内行人稀少、夜深人静之时；二是作案地点大多发生于校园内比较偏僻、阴暗、人少的地带，一般为树林中、小山上、远离宿舍区的教学实验楼附近或无灯的人行道和正在兴建的建筑物内；三是被抢劫的主要对象是携带贵重财物的、单人行走的、看电影或上晚自习晚归无伴或少伴的、谈恋爱滞留于阴暗无人地带的大学生；四是作案人一般为校园附近农村、企业等单位中不务正业、有劣迹的闲散青年及附近的外地盲流。这些人一般对校园环境较为熟悉，往往结伙作案，作案时胆大妄为，作案后易于藏匿。抢劫案的发案规律一般是：黑夜多、白天少；僻静地带多、繁华地带少；被抢劫的对象以单身行人、外地人居多。

3. 抢劫的预防

家庭住宅防盗窃、防抢劫。除门、窗要安装铁门、保险钮和铁窗栅栏外，房门处最好装上警眼和警链，对于防止入室盗窃、抢劫有一定的作用。尤其是有老人、小孩及单身女性的家庭，在门上安装警眼、警链，预防犯罪分子伺机闯入室内作案是非常必要的。另一不可忽视的防范措施是加强邻里关系。不少居民住户同住在一幢楼，同走一门道，由于缺乏沟通与了解，互不相识，互不关心，甚至矛盾积深，造成"鸡犬之声相闻，老死不相往来"的局面，也会给犯罪分子入室盗窃提供有利的作案条件；邻里之间相互了解、和睦相处，相互关心和帮助，就可避免发生一些盗窃、抢劫案件。如果一家因事外出，近邻则主动照应对方的门户，当遇陌生人出现时主动进行盘问，当邻居家中只有老人、小孩时，能够主动关心照顾，就会避免一些盗窃、抢劫案件的发生。

那么，外出怎样预防抢劫案的发生呢？

（1）自己要有警惕性，有充分的心理准备，养成机智勇敢的品质以应对不测。

（2）避免深夜单独活动，特别是人稀灯暗的地区更不要轻易出入。

（3）购物或打电话之前，预先准备好够用的钱款，不要把全部钱币掏出来。尽量把财物隐蔽好，不要过多暴露，更不要炫耀贵重物品。

（4）到一个陌生的地方时，不要随便问路，要先观察好你要打听的人是否可信。更不要轻信领路人，尽量向军人、警察或国家工作人员打听。

（5）当有人在身后跟踪时，可认为是坏人要向你下手的征兆，你要立即改变方向，并不断向后察看，使跟踪的人知道他的企图已被发现。要朝有灯光的、人多的地方走，并要记住跟踪人的特征，及时向公安部门报告。

4. 抢劫的处置

在自己的住宅或工作场所遭到歹徒抢劫时，不要惊慌失措，更不能畏首畏尾。首先，应设法和外界保持联系，或向外界发出信号，如向外报警、高声呼叫、制造异常声响以引起周围人群的注意。其次，不能让抢劫犯近身，如有条件或有能力反抗的应尽量反抗；如无反抗能力，也要尽量与其周旋拖延时间，尽管抢劫犯往往比较残忍，但心里同样也很恐惧，也害怕遭到反抗，不敢在现场停留太久，停留的时间越长，暴露的可能性就越大。第三，应尽量记住抢劫分子人数、体貌特征、讲话内容、口音、动作习惯及彼此的称呼以及被抢物品名称、数量、用途等，为侦查人员破案提供依据。第四，如果抢劫分子人数众多，被害人首先应设法逃出呼救，不能坐陷危境。如遇持枪抢劫，被害人可暂时满足其要求，然后伺机采取行动。

家庭遭抢劫，大多是盗贼入室盗窃，遇有人，进而转化为抢劫的。对普通人来说，抢劫总是可怕的，尤其对年老体弱者与少年儿童，他们没有抓捕与反抗能力。再者罪犯入室盗窃、抢劫一般都拿着作案工具及凶器，随时都可能伤人。家庭遭到抢劫，如果罪犯亮出了武器，千万不要去冒险，不要采取任何不利于人身安全的行动。但是也要用自己的机智和勇敢，寻找一切时机与犯罪分子进行斗争，不能迁就、纵容犯罪分子，那只会害了自己，歹徒会变本加厉更加猖狂。

在旅游点的偏僻处、城乡接合部、偏僻小道遇到歹徒抢劫时，应冷静对待。首先向有人群的方向逃脱，边跑边大声呼救，不让抢劫分子近身，并做好反击的准备。如力量悬殊，制服不了犯罪分子，应迅速呼请群众捉拿罪犯，并到公安机关报案。报案的速度越快越好，这样便于公安机关及时采取行动。同时，公民在遭到歹徒抢劫时，应设法在歹徒的脸部、身上留下损伤，记住抢劫分子的体貌特征、口音、动作习惯等，为侦查破案提供线索。同时既要敢于同坏人斗争，又要尽量减少自身的伤亡。

如果是在外面遭到抢劫应注意：

（1）"狭路相逢勇者胜"，一定要鼓足勇气，壮起胆子，观察周围地势，大声向歹徒呵斥，首先从心理上压倒对方。

（2）如果只有你一个人，在力量上弱于犯罪分子，则更要冷静，在损失不大时"丢卒保车"，以保护生命安全为原则。

（3）如对方抢劫得逞，可以想方设法尾随，看清其逃跑路线和特征，如身高、体型、发型、脸部有无显著特征，口音是否有特点，记住这些有助于公安机关破案。

（4）如果对方持械进行搜身，则让其去搜。趁对方注意力集中于财物而放松警惕时，对其薄弱地方有力一击。

（5）如果有可能，可以以智取胜，利用诈语、假话使其相信或迷惑，趁机脱身或报案。

### 预 防 与 处 理

1. 遭劫后怎么办

当你遭到抢劫后，应注意采取以下几方面的措施：

（1）观察罪犯的身体特征：大约年龄和身高，面部特征、肤色和头发，从头到脚的穿着，身体的姿态，讲话特征。

（2）罪犯一离开屋子，就立即拨打110报警。

（3）告知警方犯罪嫌疑人离开的准确时间。

（4）保护好作案现场，不要让其他人破坏屋里的现场摆设。

（5）注意罪犯逃跑的方式（开车、骑车或拦出租车等）、逃走的方向，罪犯使用的武器以及罪犯怎样带走抢劫的钱物的。

（6）向警方告知罪犯所使用的武器等，使警方对案件的情况了解得更详细，有利于较快破案。

2. 怎样预防拦路抢劫

拦路抢劫通常是公民在行进途中发生。当今拦路抢劫与过去有所不同。过去的拦路抢劫抢一块手表、钱包也就了事了，现在的强盗气焰嚣张，手段凶狠，选择的抢劫地点是有大财可图的去处，或是事先有目标、有对象的伏击。因此公民外出时头脑中应有防范意识，去银行、商店存取大额现金、购买物品时应二人以上结伴前往；如身上带有大量现金出远门时，最好用银行汇款或邮局汇款的方法，到目的地兑付。汇兑有所不便，也不要单独前往。行走时也应做好防抢准备，如随身带上防抢的器材和手电筒等照明工具。现金等贵重物品藏放在贴身的衣袋内，另外准备一点零钱，万一发生歹徒抢劫，可以用少量现钞或零星物品充抵，以避免重大损失。

3. 怎样预防入室抢劫

入室抢劫大体有三种情况：一是罪犯入室盗窃，被事主发现而施以暴力，有的甚至造成凶杀案件之后逃遁，这种犯罪多数是单人作案；二是抢劫团伙破门而入，以残暴的手段逼迫事主交出财物；三是乘隙潜入店堂、室内，先杀人后劫财物。被侵害的对象多数是珠宝首饰商店、银行营业所和殷实家庭。预防此类案件发生的方法是，首先是拒强盗于门外，在房屋的门、窗、墙等处安装牢固的防护设施，如安装铁门、铁窗、铁栅栏等；其次，设置一定的报警装置。深夜若有人叫门，要提高警惕，以防不测。在遭到强盗袭击的时候，应极力反抗并设法夺路冲出门外呼救报警或翻墙越窗逃出报警；在和强盗正面接触时，要沉着冷静，以软的一手和其周旋，以理退兵或以少量财物谈判解决，以免遭杀身之祸，牢记犯罪分子的面貌特征、衣着打扮、口音及其出言吐语的内容。

4. 抢劫案受害人如何报案和陈述案件发生的经过

抢劫案件中的受害人应直接到公安机关报案。报案时必须向受理人员讲清：①发案时间；②发案地点；③发生案件的过程，包括罪犯是如何进入现场的，在现场先干了什么，后干了什么，讲了哪些话，抢了哪些物品，有没有发生搏斗，犯罪分子是否受伤及受伤的部位；④犯罪分子的体貌特征、口音、说话内容、动作习惯等；⑤被抢物品的数量、特征、用途；⑥犯罪分子是否使用交通工具以及交通工具的牌号、特征，犯罪分子逃逸的方向等。总之，受害人在向受理人员陈述案情时应尽量全面详细，不要遗漏，以便侦查人员获取更多的线索，采取相应的侦查措施。

## 第六节　防溺水

夏季，尤其暑假期间是大学生溺亡事故的高发期。游泳对于身处炎热夏季的人来说，确实有着很强的吸引力。但是，暑假也并非只有游泳一种度过方式，远离危险，合理享受暑假，你的暑假生活会更加的丰富多彩。

比如说暑假可以去旅行，暑假有足够的假期可以让我们有充分的时间外出旅行，很多的旅行地点都会在暑期推出跟大学生有关的优惠或者活动，我们还可以跟好朋友一起去感受世界的宽广；我们也可以去参加一些培训，学习一些自己感兴趣的技能；我们还可以参加一些社会实践活动或实习，提升自己的工作经验和独立能力……总之，暑假生活丰富多彩，我们应该积极尝试更多更好的度假方式，避免去一些人迹罕至的危险水域游泳和玩耍，让安全和快乐与我们的假期一路相随。

**常见案例**

<<<<<**案例3-11：大学生暑假实习溺水死亡案** …………………………

2016年7月12日19时许，某高校2013级学生肖某、向某和实习单位的一同事相

约在城郊某河段游泳，肖某不幸溺水死亡。年轻生命的消失，毁灭了一个独生子女家庭的幸福和希望，给父母留下的是无尽哀思。

### <<<<<案例 3-12：大学生郊游溺水案 ……………………………………………

2015 年 6 月 20 日，某高校学生卜某等 12 名同学结伴来到城郊某湿地公园，在河边嬉戏玩耍。其中，卜某不幸掉入水中，同行的伙伴不懂水性，无法营救，只能焦急地呼喊"救命"。路过此地的市民尚某见状，连衣服都来不及脱下就跳入水中，奋不顾身地游向溺水同学，用双手托举起溺水同学，将其送上岸，没有留下任何信息便悄然离开。卜某被送到医院抢救，第二天才脱离生命危险。

### 案例点评

溺水事故的发生给学生的生命安全和学生家庭造成了不可挽回的损失，令人十分痛心。大学生应该从关爱生命的角度，对自己和家人负责，理解和遵守学校禁止下河游泳的相关规定。

### 知识链接

容易发生溺水的情形：

（1）不小心从池边、岸边等处落入水中的。

（2）在水中滑倒后，站立不起来的。

（3）身上的浮具脱落或破裂漏气，沉入水中的。

（4）游泳技术不佳，在水中遇到碰撞等意外，惊慌失措、动作慌乱的。

（5）突然呛水，不会调整呼吸的。

（6）过于逞强的。

（7）入水方式不当的。

（8）冒险潜水的。

（9）被溺水者紧抱不放的其他游泳者。

（10）嬉水时，被人按压的。

（11）游泳场所设施不当的。

（12）酒后游泳。

（13）深水域，有暗礁、暗流、杂草等的水域。

### 预防与处理

1. 杜绝溺水应注意事项

要想杜绝溺水的悲剧发生，还亲人一份安心，我们必须做到以下几点：

（1）在没有家长或老师带领的情况下，不私自外出游泳。

（2）不擅自与同学及其他未成年人结伴游泳。

（3）不到没有安全设施和救护人员的陌生水域游泳。

（4）不到工地水坑、池塘、水库、河、湖、海等危险的水域边玩耍。

（5）发现有人落水，不盲目下水施救，要向周围的人求助或及时报警。

2. 安全游泳须知

（1）要清楚自己的身体健康状况。平时四肢容易抽筋者不宜参加游泳或不要到深水区游泳。

（2）要做好下水前的热身准备。如水温太低应先在浅水处用水擦洗身体，待适应水温后再下水游泳。

（3）镶有假牙的应将假牙取下，以防呛水时假牙落入食管或气管。

（4）不要独自一人外出游泳，更不要到不知水情或比较危险且易发生溺水伤亡事故的地方去游泳。

（5）跳水前一定要了解水中状况，确保水深至少3米，并且水下没有杂草、岩石或其他障碍物，以脚先入水较为安全。

（6）在海边游泳，要沿着与海岸线平行的方向游，游泳技术不精良或体力不充沛者，不要涉水至深处。在海岸做一标记，留意自己是否被冲出太远，及时调整方向，确保安全。

3. 溺水后学会自救

（1）溺水后要保持镇定，尽量将头后仰，口向上，口鼻露出水面后呼吸呼救。

（2）不可以把手上举胡乱打水，以免身体下沉。双手划动，观察施救者扔过来的救生物品，迅速靠上去抓牢。

（3）当施救者游到自己身边时，应配合施救者，仰卧水面，由施救者将自己拖拽到安全地带。

（4）溺水后保存体力、等待救援是最重要的。会游泳的人如肌肉疲劳、抽筋也应采取上述自救办法。

4. 施救溺水者

（1）发现有人溺水要马上拿出手机拨打120，打完电话迅速投入抢救，但要注意方法。

（2）施救者下水后不要从溺水者的正面靠近，应该从后面或侧面包抄施救，以仰泳的方法把溺水者带到安全处。

（3）救援时最好将溺水者向上托出水面，保证其顺利呼吸，减轻溺水者的危机感和恐惧感，减少挣扎，使施救者节省体力，顺利地脱离险境。

## 第七节 防范意外伤害事故

大学生意外伤害事故已经成为大学校园频发的现象，越来越多的人开始关注大学校园安全问题。通过对大学生发生意外事故的原因和类型进行分析，采取正确的应对措施，是减少意外事件发生、维持学校正常教学秩序的重要环节。

### 常见案例

#### <<<<<案例 3-13：元旦晚会学生骨折案 …………………………

某大学的二年级学生陈某，参加学校为庆元旦组织的活动。在踩气球活动中，由于人多，不慎胳膊被碰伤，后去医院就诊，诊断为左肱骨骨折，不得不在胳膊中植入钢板和钢钉。

#### <<<<<案例 3-14：大学生运动场意外受伤案 …………………………

2015 年 10 月 9 日，某大学体育专业学生在运动场进行单杠锻炼时，因单杠底部座基锈蚀导致单杠倾倒，造成学生坠地受重伤的意外伤害事故。

### 案例点评

对于大学校园中突发的事故，大学生们应该高度警惕，尤其是在学校组织的活动中，很容易因为人多拥挤而造成意外伤害。同时大学生还应增强身体素质，避免案例中悲剧的发生。

### 知识链接

1. 常见校园意外事故

（1）由学校设施损害、学校成员违规操作等引发的意外事件。学校设施损害引发的意外事件，是指因学校的校舍、场地、教育教学设施、生活设施不完善或因各种自然灾害导致的意外事件。学校成员违规操作引发的意外事件，是指学校教职工或学生违反学校纪律、规章制度所引发的各种意外事件。

（2）因学生本人身心等方面的原因而发生的意外伤害。心理引发的意外事件，是指因不良心理、情绪困扰而引发的意外事件。身体原因指学生身体患有某些疾患，如先天性心脏病，在校发病所引发的意外事件。

（3）外部环境以及自然灾害所致的意外事件。外部环境所致的意外事件，是指学校所处的外部环境所引发的导致学生受到损害的意外事件。

2. 相关法律法规

《学生伤害事故处理办法》第五条规定：学校应当对在校学生进行必要的安全教育和自护自救教育；应当按照规定，建立健全安全制度，采取相应的管理措施，预防和消除教育教学环境中存在的安全隐患；当发生伤害事故时，应当及时采取措施救助受到伤害的学生。学校对学生进行安全教育、管理和保护，应当针对学生不同年龄、认知能力和法律行为能力采用相应的内容和预防措施。

## 预防与处理

1. 学校预防大学生意外伤害事故的措施

大学生意外伤害事故具有突发性、形式多样和社会影响大的特征，大学生意外伤害事故关系到大学生的人身安全，也影响社会的稳定与发展，搞好预防是减少大学生意外伤害事故发生的有效途径，学校应予以重视。

（1）学校应该定期对教学、生活设施进行检查，重视校舍安全、设备安全、道路安全、防火防盗安全。

（2）学校要开设安全基础课程、法制基础课程，提高学生的自我安全防范能力和抵御违法犯罪的能力。

（3）学校要建立处理大学生意外伤害事故的应急预案，建立紧急处理机制。当然，营造安全的校园环境，离不开社会各界的共同配合与努力。

2. 日常常见伤的处理

日常生活中，难免会遇到一些常见伤。处理得当，可化险为夷；反之，则可能导致更大危险。以下为八种常见伤的急救常识。

（1）鼻子出血。

马上做：身体稍微前倾，捏住鼻子5～15分钟，或在鼻梁上压冰袋。

不要做：头部后仰（出血容易下咽，可能呛入肺中，造成危险）。

何时求医：20分钟还止不住鼻血，同时伴有头痛、眩晕、耳鸣或视觉问题。

（2）眼中有异物。

马上做：多眨几次眼，将异物弄出。如果不行，可捏住眼皮，用自来水冲洗眼睛。

不要做：揉眼睛（哪怕是很小的异物也会划伤角膜，导致感染）。

何时求医：漂白粉等化学品溅入眼中；冲洗后，眼睛仍刺痛、肿胀或视物不清。

（3）扭伤。

马上做：每隔20分钟换冰袋冷敷。用弹性绷带包裹受伤关节，抬高受伤部位，至少 24 小时不要乱动。之后，热敷以促进患部血液循环。

不要做：带伤工作（会导致更严重的损伤，比如韧带撕裂等）。

何时求医：如果几天后伤势仍未好转，有可能是发生了骨折、肌肉或韧带撕裂，应立即就医。

（4）烧伤。

马上做：用凉水冲洗烧伤处，或用湿毛巾冷敷。一级伤（皮肤发红）或二级伤（起水泡）可宽松包扎。

不要做：将冰袋放在烧伤处（冰会损伤皮肤，加重伤情）；刺破水泡或在烧伤处抹抗生素（易造成感染）。

何时求医：二度烧伤面积超过手掌大小；三度烧伤（皮肤烧破烧焦）、电烧伤、化学物烧伤，以及患者咳嗽多泪或呼吸困难。

（5）头部受重击。

马上做：如果受伤者不省人事，立即拨打急救电话；如果受伤部位出血，应做临时止血处理，但应听从医生指导，因为可能有脑内伤；头部小肿块可用冰袋冷敷。

不要做：将受伤者独自留下，特别是伤者睡着的时候。正确做法是：每 3～4 小时叫醒他一次，让其回答一些简单的问题，确信没有伤及大脑。

何时求医：伤者出现痉挛、头昏、恶心、呕吐。

（6）窒息。

马上做：立即拨打急救电话。患者大于 1 岁，可让他前倾，用手掌在其肩胛骨之间拍击 5 次。如无效让患者平躺，将一只拳头置于患者肚脐上方，另一只手握住拳头，上下按压 5 次。

不要做：患者咳嗽时，让其喝水或吃东西。

（7）中毒。

马上做：患者无意识或呼吸困难，立即拨打急救电话。务必说清是何物中毒、时间及用量、患者年龄及体重等。

不要做：轻易使用催吐药；随便给患者吃喝东西。

（8）外伤。

马上做：在伤口处用纱布压迫止血。较小的割伤或划伤，用肥皂水清洗后，抹一层凡士林或抗生素药膏，再用创可贴包好。

不要做：对大而深、出血多的伤口清洗抹药；轻易拔出伤口上的刺入物。

# 第四章　食品安全

民以食为天，一日三餐是人们必不可少的，合理膳食对大学生来说至关重要。俗话说"病从口入"，饮食安全是身体健康的基本保证。因此，大学生要掌握食品安全知识，牢固树立安全意识，远离安全隐患，以有效保护自身安全和权益，保障学习顺利进行，保持身心健康。

## 第一节　谨防食物中毒

大学校园人群密集，是食物中毒等食源性疾病的多发地。发生食物中毒事故危害极大，轻则引起人体不适，重则造成脏器损害，甚至危及生命，给家庭和社会造成不可估量的损失。

### 常见案例

<<<<<案例 4-1：高校食堂食物中毒案 ………………………………………

2010 年 3 月 4 日，某大学多名学生在学校食堂吃过午饭后，上课时相继出现恶心、腹痛、上吐下泻等症状。学校医院查看后，发现学生的症状基本相同，经询问得知他们都在学校食堂吃过芸豆炒肉。校方初步判断是食物中毒，紧急把学生送往医院医治。

此次事件的中毒学生总共有 18 名，其中 6 名症状稍重者需要留院治疗，其他人都无大碍。5 日下午，6 名住院学生中已有 2 人出院，另外 4 人病情也已稳定。根据临床特征和流行病学特征分析，基本判定这批学生是因食用半熟芸豆导致的生物碱中毒。

### ◁◁◁◁◁案例 4-2：疑似桶装水中毒案 ……………………………………

2018 年 5 月 16 日，某高校多位学生集中出现呕吐、腹痛等症状，被当地医院诊断为急性肠胃炎。经与校方初步核实，就诊学生 40 人左右，部分学生质疑学校使用的桶装水有质量问题。

### 案例点评

食堂卫生安全是学校安全工作的重中之重，必须常抓不懈。食堂工作应严格执行《学校食堂与集体用餐卫生管理规范》，建立健全各项卫生管理制度，严把进货关、烹调关、洗刷关、消毒关、储存关、个人卫生关、各种容器用具不混合使用关，保证师生就餐卫生安全，防止食物中毒或者其他食源性疾患事故发生。同时，学校要抓好师生常见病、传染病的预防和控制工作，加强宣传，提高师生的预防意识，维护广大师生的身心健康。

### 知识链接

1. 食物中毒

食源性疾病，俗称食物中毒，泛指因为进食了受污染食物以及致病细菌和病毒、化学品或天然毒素感染了的食物而产生的身体不良反应。其特点表现在以下几方面：

（1）发病呈暴发性。潜伏期短，来势凶猛，短时间内可有多数人发病。

（2）具有相似的临床症状。中毒病人一般都有相似的症状，多表现为恶心、呕吐、腹痛、腹泻等消化道症状。

（3）发病与食物有关。患者在近期内食用过同样的食物，发病范畴局限在食用该类有毒食物的人群，停止食用该食物后，发病现象很快消失。

（4）食物中毒不具有传染性，没有个人与个人之间的传染过程。

2. 食物中毒的分类

（1）细菌性食物中毒。细菌性食物中毒是指人们摄入含有细菌毒素的食品而引起的食物中毒，发生原因与不同地区人群的饮食习惯有密切关系。如在美国，肉、蛋及糕点的摄入较多，葡萄球菌引起的食物中毒较多见；日本和我国沿海地区居民喜食生鱼片等海产品，则副溶血性弧菌引起的食物中毒较多见。细菌性食物中毒多发生在夏秋炎热季节，因为气温高，适宜细菌生长繁殖，且炎热季节人体肠道的防御功能下降，对疾病的易感性增加。细菌性食物中毒的发病率高，但病人恢复较快。

（2）真菌毒素食物中毒。真菌毒素食物中毒是指主要因食入被真菌及其产生的毒素污染的食品而引起的中毒。其发生具有明显的地区性、季节性和波动性。如霉变甘蔗中毒，在我国多发生于2~3月的北方省份，甘蔗霉变的原因是将广东、广西等地11月份收割的甘蔗运至北方储存，第二年春季由于温度升高，部分甘蔗霉变。因此，在甘蔗储存过程中应防止霉变，存放时间一般不要超过两周，一旦甘蔗霉变后就不要再食用。

（3）植物性食物中毒。引起植物性食物中毒的食品主要有三种：其一，天然含有有毒成分的植物或其加工制品，如桐油；其二，在加工过程中未能破坏或除去有毒成分的植物性食品，如木薯、苦杏仁等；其三，在一定条件下产生了大量的有毒成分的可食用的植物性食品，如发芽土豆等。

（4）动物性食物中毒。引起动物性食物中毒的食品主要有两种：其一，天然含有有毒成分的动物或动物的某一部分，如河豚、猪甲状腺等；其二，在一定条件下产生了大量的有毒成分的可食的动物性食品，如贝类、鲐鱼等。

（5）化学性食物中毒。引起化学性食物中毒的食品主要有四种：其一，被有毒有害的化学物质污染的食品，如被农药、杀鼠药污染的食品；其二，被误认为是食品、食品添加剂、营养强化剂的有毒有害化学物质，如工业酒精、亚硝酸盐等；其三，添加非食品级的或伪造或禁止使用的食品添加剂、营养强化剂的食品以及超量使用食品添加剂的食品，如将增白剂加入面粉增白，将甲醛加入水发产品中防腐，三邻甲苯磷酸脂作为食品机械润滑油，等等；其四，营养素发生化学变化的食品，如油脂酸败等。

## 预 防 与 处 理

1. 如何保证食品安全

食品安全是日常生活中的大事，大学生可以从以下几点做起，以保证自己的饮食安全卫生。

（1）选择安全食品。

安全食品是指食品要具有相应的色、香、味、形等感官性状，没有发生腐败变质等异常变化。在购买食品前，一定要对相关食品安全认证标志有所了解。

①QS标志是英文"质量安全"（quality safety）的字头缩写，是工业产品生产许可证标志的组成部分。QS标志从2010年6月1日起已陆续换成新样式，主要是在标志的中文字样上有所变动，原先QS标志下方的"质量安全"字样已变为"生产许可"。

②无公害农产品标志。广义的无公害农产品包括有机农产品、自然食品、生态食品、绿色食品、无污染食品等。这类产品生产过程中允许限量、限品种、限时间地使

用人工合成的安全化学农药、兽药、肥料、饲料添加剂等，符合国家食品卫生标准，但比绿色食品标准要宽。无公害农产品是人们对食品质量安全最基本的需要，是最基本的市场准入条件，所有食品都应达到这一要求。

③绿色食品标志。绿色食品在中国是对无污染的，安全、优质、营养类食品的总称，是指按特定生产方式生产，并经国家有关的专门机构认定，准许使用绿色食品标志的无污染、无公害、安全、优质、营养型的食品。

④有机食品标志。有机食品（organic food）也称作生态食品或生物食品等，是国际上对无污染天然食品比较统一的提法。有机食品通常来自于有机农业生产体系，是根据国际有机农业生产要求和相应的标准生产加工的食品。

（2）食品彻底加热。

肉、奶、蛋、四季豆和豆浆等容易引起食物中毒的食品，应烧熟煮透。经冷藏保存的熟食和剩余食品及外购的熟肉制品，食用前也应彻底加热。食物中心温度须达到70℃，并至少维持2分钟。

（3）少吃隔夜饭。

节俭历来是我们中华民族的优良传统，每逢节日聚餐后往往会有大量剩菜，如何处理这些剩菜却成了一件令人头疼的事。人们常采用的方法是将剩菜放进冰箱等待下一餐再拿出来食用，殊不知隔夜菜不仅营养流失严重，而且还会产生对身体有危害的不良物质。

（4）妥善保存食品。

食物在保存时要注意生、熟分开，熟食放在上面，生食放在下面，防止交叉污染。同时熟食要尽量放在阴凉、通风、干燥并能够防蝇、防虫、防鼠的地方。使用冰箱保存食物时，冰箱冷藏室的温度要保持在10℃以下，以4℃左右最好。鱼、肉等容易腐败的食品，应及时冷藏或冷冻，冷冻贮存的温度为－18℃左右。

（5）养成良好的卫生习惯。

不良的个人卫生习惯会把致病菌从人体带到食物上去。比如说，手上沾有致病菌，再拿食物，污染了的食物就会进入消化道，从而引发细菌性食物中毒。

（6）保持厨房卫生。

厨房应当有相应的通风、冷藏、洗涤、消毒、污水排放等设施，且布局合理，防止加工过程中交叉污染。厨房应当保持清洁，用来制备食品的所有用具的表面都必须保持干净。接触餐具和厨房用具的抹布应该在再次使用之前彻底清洗，必要时可以煮沸消毒。

（7）增强自我防范意识。

树立正确的食品卫生安全意识，养成良好的饮食卫生习惯，增强防病能力。在日常饮食中应做到不暴饮暴食，不吃不洁、腐败、变质的食物，不买街头无照（证）商贩出售的盒饭及食品，不食用来历不明的可疑食物，以防病从口入。

2. 如何判断和解决食物中毒

判断食物中毒主要有以下标准：短时间内出现大量症状相同的病人，而且这些病人有共同的进食史；未食用某种食物不发病；停止供应该种食物后新的中毒病人不再出现；一般无人与人之间的直接传染。

一旦有人出现上吐下泻、腹痛等食物中毒症状，首先应立即停止食用可疑食物，同时立即拨打 120 呼救。在急救车到来之前，可以采取以下自救措施：

（1）催吐。

对中毒不久而无明显呕吐者，可用手指、筷子等刺激其舌根部进行催吐，或让中毒者大量饮用温开水并反复自行催吐，以减少毒素的吸收。经大量温水催吐后，呕吐物液体较澄清时，可适量饮用牛奶以保护胃黏膜。如在呕吐物中发现血性液体，则表明可能出现了消化道或咽部出血，应暂时停止催吐。

（2）导泻。

如果病人吃下中毒食物的时间较长（超过两个小时），而且精神较好，可采取服用泻药的方式，促使有毒食物排出体外。一般可用大黄 30 克一次煎服。老年患者可选用元明粉 20 克，用开水冲服。老年体质较好者，也可采用番泻叶 15 克一次煎服，或用开水冲服，也能达到导泻的目的。

（3）解毒。

如果是吃了变质的鱼、虾、蟹等引起的食物中毒，可取食醋 100 毫升加水 200 毫升，稀释后一次服下。此外，还可采用紫苏 30 克、生甘草 10 克一次煎服。若是误食了变质的饮料或防腐剂，最好的急救方法是用鲜牛奶或其他含蛋白的饮料灌服。

（4）保留剩余食物样本。

由于确定中毒物质对治疗来说至关重要，因此，在发生食物中毒后要保留导致中毒的食物样本，以提供给相关监管部门进行检测。如果身边没有食物样本，也可保留患者的呕吐物和排泄物，以方便医生确诊和救治。

## 第二节 酗酒危害健康

近年来，大学生酗酒现象日益严重，由此引发的违纪违法行为日益突出，给学校和同学们带来了不良影响。作为社会中特殊的群体，大学生具备较高的文化素质，但是由于自控能力较差，非常容易酗酒、醉酒，尤其是在心情郁闷或同学聚会时，这种情况更常见。但是被大多数人忽略的是，过量饮酒不仅会对身体造成很大伤害，而且会引发违法犯罪行为。

### 常见案例

#### <<<<<案例4-3：大学毕业生酒后自杀身亡案 ………………………………

2012年6月，某高校一应届毕业生在离校前的一次酒后与其女友发生口角，用随身携带的水果刀猛刺自己十余刀后倒在马路上，待其女友发现时，男生已气绝身亡。

#### <<<<<案例4-4：大学生毕业聚餐醉酒身亡案 …………………………………

2012年6月，22岁的丁某即将大学毕业。举行毕业典礼的前一天晚上，作为东道主，丁某约与他同寝室的另外三名同学曾某、刘某、翟某一起吃散伙饭。席间，不胜酒力的丁某一杯接一杯地和三位室友饮酒，四人一共喝了三瓶白酒和若干瓶啤酒。晚上11点左右，已经醉得不省人事的丁某被室友送回家中，其室友便各自离去。凌晨1点钟，丁某的母亲发现丁某脸色发紫，呼吸急促，立即将他送往医院急救，但由于酒精摄取量过高，丁某早已停止了呼吸。

#### <<<<<案例4-5：大学生酒后肇事受伤案 ………………………………………

2012年10月，某高校学生在饭店过量饮酒后，不听劝阻，将该饭店桌椅砸坏，用手将隔断玻璃打碎，结果致使自己的右手腕被玻璃扎伤，血流不止，缝合十余针。该学生不但受到治安处罚，而且还要赔偿饭店餐具、桌椅等经济损失。

#### <<<<<案例4-6：两校学生酒后闹事案 …………………………………………

2013年5月9日凌晨，某市两所高校学生发生斗殴事件，并引发这两所学校的上百名学生对峙。

5月9日凌晨12点半左右，A学校一对情侣在校园广场前的空地上道别，广场商场三楼的一家餐厅内，B学校一群学生正在聚会。其中一名男生因喝醉酒，对着楼下的情侣起哄，情侣不堪挑衅，与之对骂。随后，包括醉酒男生在内，近30名B学校学生下楼与情侣争吵，其间发生肢体接触。对骂不断升级，争吵声越来越大。参与争吵的人员从这对情侣开始变成A学校学生，住在A学校宿舍12栋的学生不堪滋扰，在宿舍阳台与楼下B学校学生对骂。双方向楼下互砸啤酒瓶。随后，住在该栋宿舍的学生不断走下楼，最后广场上聚集了100多人，双方陷入对峙。现场曾一度失控，直到十多名警察到场后才控制了局面，并驱散了人群。

## 案例点评

在大学生人身伤害的案件中，很多都是因为当事人醉酒引起的，我国各地高校都有不少这方面的例子。大学生严重酗酒可能诱发打架斗殴案件，这不仅危害了学生的身心健康，也影响了教育、教学、生活和校园治安秩序。

## 知识链接

1. 酗酒

医学界对酗酒的定义为：一次喝5瓶或5瓶以上啤酒，或者血液中的酒精含量达到或高于0.08。简单来说，就是饮酒超出适量饮酒或一般社交性饮酒的标准。

酗酒涵盖了"酒精滥用"及"酒精依赖"两种意思。一般而言，如果一个人过度摄入酒精而无法自我控制，导致认知、行为、身体、社会功能或人际关系上的障碍或损伤，且明知故犯，无法克制，就达到了"酒精滥用"的程度。若进一步恶化，把饮酒看成比任何其他事都重要，必须花许多时间或精力去喝酒或戒酒，或必须喝酒才感到舒服，或必须增加酒精摄取量才能达到预期效果，或产生酒精戒断综合征，则达到"酒精依赖"的程度。

2. 酗酒的原因

（1）逃避现实。很多人比较软弱，抗拒不了想要逃避问题的倾向，他们不去面对问题，只是逃避。人们以不同的方式逃避问题，有些人选择酗酒。

（2）基因变异。芬兰库奥皮欧大学和图尔库大学的基因专家经过长期研究，发现人体内一种基因的变异会导致过量饮酒和酗酒。这种基因的变异可造成人体中枢神经内神经肽蛋白质缺损，从而使人出现压抑，而这种忧郁不快的心情往往使人不得不借助于杯中之物加以发泄。

3. 过量饮酒的危害

酒的主要化学成分是乙醇，它是以粮食为原料经发酵酿造而成的。过量饮酒危害很大。过量饮酒存在以下危害。

（1）过量饮酒使碳水化合物、蛋白质及脂肪的摄入量减少，维生素和矿物质的摄入量也不能满足要求；

（2）过量饮酒可造成肠黏膜的损伤及损害肝脏功能，从而影响几乎所有营养物质的消化、吸收和转运；

（3）急性酒精中毒可能引起胰腺炎，造成胰腺分泌不足，影响蛋白质、脂肪和脂溶性维生素的吸收和利用，严重时还可导致酒精性营养不良；

（4）酒精对肝脏有直接的毒性作用，干扰脂类、糖类和蛋白质等营养物质的正常代谢，同时也影响肝脏的正常解毒功能；

（5）过量饮酒与脂肪肝、肝静脉周围纤维化、酒精性肝炎及肝硬化之间密切相关，肝硬化死亡中有40％由酒精中毒引起；

（6）过量饮酒会增加患高血压、中风等疾病的风险；

（7）过量饮酒会导致交通等事故及暴力的增加，对个人健康和社会安定都是有害的；

（8）过量饮酒还会增加患消化道癌症和女性患乳腺癌的风险；

（9）过量饮酒还可导致酒精依赖症、成瘾以及其他严重的健康问题。

### 预防与处理

1. 如何健康饮酒

大学生年轻气盛，在聚会时喝酒是难免之事。怎样喝酒才能做到既联络感情又不伤身体呢？

（1）忌空腹喝酒。饮酒前先喝一杯牛奶或酸奶，或吃几片面包，勿空腹喝酒，以免刺激胃黏膜。

（2）服用维生素B族。需要饮酒时，提前服用维生素B族，以保护肝脏。平时有意识地多吃富含维生素B族的动物肝脏、猪牛羊肉以及蛋黄、蔬菜、燕麦等粗粮，以提高体内维生素B族的含量。

（3）多喝白开水。喝白酒时，要多喝白开水，以利于酒精尽快随尿液排出体外；喝啤酒时，要勤上厕所；喝烈酒时，最好加冰块。

（4）忌豪饮。喝酒不宜过快过猛，应当慢慢喝，让身体有时间分解体内的酒精，酒桌上的罚酒数杯或一口闷易导致醉酒。

（5）多吃绿叶蔬菜。绿叶蔬菜中所含的抗氧化剂和维生素可保护肝脏。

（6）多吃豆制品。喝酒时可多吃豆制品，其中的卵磷脂有保护肝脏的作用。

（7）不要喝碳酸饮料。喝酒时不要喝碳酸饮料，如可乐、汽水等，以免加快身体吸收酒精的速度。

2. 如何治疗酗酒

适度地饮酒可以使人减轻疲劳，忘却烦恼，令人心情舒畅，增加社交活动和节日中的欢聚喜庆气氛。但是，大学生过量饮酒以至饮酒成瘾，不仅危及自己的健康和家庭的幸福，对社会也会造成种种危害。要彻底戒除酒瘾，当事人必须真正认识到过量饮酒的危害性，下决心戒酒。

同时，心理疗法也可以用来戒除酒瘾，具体方法包括以下三种：

（1）认识疗法结合厌恶疗法。先在思想深处认识到过量饮酒的危害，并在纸上一一列出，再用漫画的形式直观生动地表现出来。当饮酒成瘾者饮酒意念十分强烈时，把这些画取出来看看，逐渐建立起对酒的厌恶情绪。

（2）系统脱敏法结合奖励强化法。这种方法不要求当事人短时间内改掉不良习惯，而是每天逐渐地减少饮酒量。这种方法的优点是痛苦性低，成功率高。戒酒者在戒酒过程中，若完成了当天应减少的"指标"，家人应给予一定奖励，以巩固和强化所取得的成果。为避免心理上若有所失的难熬感觉，戒酒者应积极从事一些有趣味的活动，用新的满足感的获得来抵消旧的满足感的失去。

（3）群体心理疗法，即充分发挥群体功能来治疗心理疾病的技术和措施。大学生可以组建戒酒协会，由他人监督酗酒者戒酒。

## 第三节　关注食品卫生

随着我国经济体制改革的深入，人民生活质量大幅度提高，但同时我们也看到，一些不法商贩唯利是图、道德沦丧，直接导致我国食品卫生安全事故频频发生。尤其是在大学校园，食品卫生已经成为一个严峻的问题，从"瘦肉精"到"染色馒头"，从毒奶粉到"地沟油"。长期食用不卫生的食品，轻者出现食物中毒，重者会产生生命危险。针对这种情况，需要高校和大学生共同努力，一方面加强校园食品卫生的管理和监督，另一方面杜绝去路边无证摊位就餐，坚决消灭食品卫生安全问题。

### 常见案例

#### <<<<<案例 4-7：高校食堂面馆使用霉变干辣椒案 ………………………

2017 年 3 月 12 日，某高校饮食服务中心组织对食堂食材进行突击检查，发现一生意红火的面馆储存、使用已霉变的干辣椒，当即责令其停业整顿，并处罚 5000 元罚款。在高校食堂餐饮行业中，一些经营业主为谋求高额利润，常常会使用一些变质的食材。

<<<<<案例 **4-8**：校园商业店铺违法使用 "地沟油" 案 ……………

2012 年 5 月 6 日晚，一段某学校商业街店铺收购"地沟油"的视频在网上疯传，引起轰动。上传视频的同学称："今天我无意间路过商业街，看到一辆面包车拉了一车'地沟油'给某饼店送货，远远地我就闻到一股难闻的味道。"

5 月 8 日上午，该学校后勤部门介入，商业街的香辣饼、大饼、鸡柳拌饭这三家店被查封，其他所有经营小吃的店铺被关闭，进行停业自查。

**案例点评**

食品卫生是事关大学生人身安全的大事，目前校园周边餐馆、摊档普遍存在的"地沟油""染色馒头""瘦肉精"问题，很容易对大学生造成伤害。这就需要大学有关部门加强食品卫生监管，切实保证大学生吃得安全、放心。

**知识链接**

1. 食品卫生

食品卫生是指为防止食品污染和有害因素危害人体健康而采取的综合措施。世界卫生组织对食品卫生的定义是：在食品的培育、生产、制造直至被人摄食为止的各个阶段中，为保证其安全性、有益性和完好性而采取的全部措施。

2. 食品卫生标准

食品卫生标准是规定食品卫生质量水平的规范性文件。其基本内容是分别对各类食品或单项有害物质规定了各自的质量和容许量，称为食品卫生质量指标。标准主要包括以下五点：

（1）感官指标，食用的色、香、形；

（2）细菌及其他生物指标，有食品菌落总数、食品大肠菌群最近似数等；

（3）毒理学指标，各种化学污染物、食品添加剂、食品产生的有毒化学物质、食品中的天然有毒成分、生物性毒素以及污染食品的放射性核素等在食品中的容许量；

（4）间接反映食品卫生质量可能发生变化的指标，如奶粉中的水分含量；

（5）商品规格质量指标。

3. 常见饮食卫生误区

在日常生活中，人们的有些饮食习惯看似十分卫生，实则并不安全。常见的饮食卫生误区包括以下八种：

（1）聚餐。每当节假日，大学生们多喜欢约上几个好友到餐馆"撮一顿"，交流交流感情。其实这样做并不利于健康，不符合饮食卫生。

（2）用白纸包装食物。许多人觉得白纸看上去干干净净的，可以用来包装食物。而事实上，白纸在生产过程中，会加用许多漂白剂及带有腐蚀作用的化工原料，纸浆虽然经过冲洗过滤，仍含有不少化学成分，会污染食物。至于用报纸来包装食品更不可取，因为印刷报纸时，会用许多油墨或其他有毒物质，对人体危害极大。

（3）用酒消毒碗筷。一些人常用白酒来擦拭碗筷，以为这样可以达到消毒的目的。殊不知，医学上用于消毒的酒精度数为 75 度，而一般白酒的酒精含量多在 56 度以下，并且白酒毕竟不同于医用酒精。

（4）抹布清洗不及时。实验显示，在家里使用一周后的全新抹布，会滋生出大量的细菌，在餐馆或是大排档情况会更差。因此，在用抹布擦饭桌之前，应当先充分清洗，并且每隔三四天应该用开水将抹布煮沸消毒一下，以避免因抹布使用不当而给健康带来危害。

（5）用卫生纸擦拭餐具。这种现象在大学校园十分普遍，许多学生吃完泡面后，懒得冲洗餐具，就用卫生纸擦拭，自认为非常卫生。其实许多卫生纸的消毒状况并不好，这些卫生纸因消毒不彻底而含有大量细菌；即便是消毒较好，卫生纸也会在摆放的过程中被污染。因此，用普通的卫生纸擦拭碗筷或水果，不但不能擦拭干净，反而会在擦拭的过程中给食品带来更多的污染机会。

（6）用毛巾擦干餐具或水果。人们往往认为自来水是生水，不卫生，因此在用自来水冲洗过餐具或水果之后，常常再用毛巾擦干。事实上，干毛巾上常常会存有大量病菌，而且，我国城市自来水大都经过严格的消毒处理，所以说用洗洁精和自来水彻底冲洗过的食品基本上是洁净的，可以放心食用，无须再用干毛巾擦拭。

（7）将变质食物煮沸后再吃。有些人认为将轻微变质的食物用高温煮过后就可以彻底消灭细菌。医学实验证明，细菌在进入人体之前分泌的毒素是非常耐高温的，不易被破坏分解。因此，用加热处理变质食物的方法是不可取的。

（8）把水果烂掉的部分剜掉再吃。有些人吃水果时，习惯把水果烂掉的部分削了再吃，以为这样就比较卫生了。然而，微生物学专家认为：即使把水果上面已烂掉的部分削去，剩余的部分也已通过果汁传入了细菌的代谢物，甚至已经有微生物开始繁殖，其中的真菌可导致人体细胞突变而致癌。因此，当水果已经烂了一部分时，就应扔掉，不宜食用。

4. 盘点常见的不卫生食品

（1）小龙虾。小龙虾是大排档里最受欢迎的"头盘菜"，但是小龙虾却是非常危险的，因为小龙虾可能会携带多种寄生虫幼虫及虫卵，如肺吸虫、血吸虫等。因此在烹调小龙虾时，一定要用清水浸泡 2～3 个小时，洗刷干净，然后高温煮熟。另外，吃小龙虾时一定要选尾部蜷曲、触须完整的，因为这样的小龙虾在入锅之前才是活的、新鲜的。

（2）田螺。螺一般生长在水塘里，如果水质不好，很容易受污染。特别是当螺内的大便没排干净的时候，会有很多寄生虫。因此最好少吃河螺、田螺或者水塘里的螺。此外，最好不要吃烧烤的螺，因为烧烤温度一般不均匀，如果没烧熟，容易感染肝吸虫病。

（3）荸荠。荸荠脆甜多汁，很多人都喜欢将它当水果一样生吃。其实荸荠并不适合生吃，因为它生长在泥中，外皮和内部都有可能附着大量细菌和寄生虫，所以一定要洗净煮透才能食用。

（4）藕。藕生长在淤泥中，很容易受水污染。所以藕也应经高温煮熟之后再吃，如果一定要吃脆藕，必须用热水焯洗一下再吃。

（5）菱角。菱角含有丰富的淀粉、蛋白质、葡萄糖、脂肪及多种维生素。菱角与荸荠的生长环境类似，食用时必须洗净煮透。

（6）肥肠。新鲜的肥肠原料买回后，需要用碱或盐进行搓洗，然后翻过肠子，清除内部的油脂，用热水焯洗一遍再开始烹调。

（7）蘑菇。蘑菇生长于腐殖质上，根部有沙，所以烹饪时一定要将根部去除。蘑菇伞可能会带有沙子等杂物以及其他杂菌，必须清洗干净。

## 预防与处理

大学校园食品卫生形势严峻，应该如何保证校园食品卫生安全呢？

1. 学校要加强食品卫生管理

（1）进一步提高学校管理部门的食品卫生安全意识，落实和完善学校食品卫生安全责任制度。

（2）根据《食品卫生法》《学校食堂与学生集体用餐卫生管理规定》《学校食物中毒事故行政责任追究暂行规定》等要求，依法管理学校食品卫生。

（3）进一步完善和落实学校食品卫生安全责任制和责任追究制。建立定期通报制度，定期对学校突发公共卫生事件发生情况、报告情况、责任追究与整改情况进行通报。

（4）加大对学校食堂从业人员的培训力度，建立食堂从业人员上岗培训制度，增强其食品卫生安全意识，使之自觉遵守食品卫生操作规范。

（5）加强学校食品卫生安全知识的宣传教育工作，提高学生的自我保护意识和能力。

（6）加大督促检查力度，通过专项督导与专项检查，督促各部门落实各项食品卫生安全措施。

2. 学生要养成良好的卫生习惯

（1）饭前要洗手。人的双手每天会接触各种各样的东西，很容易沾染细菌、病毒和寄生虫卵。吃东西以前认真用肥皂洗净双手，才能减少得病的概率。

（2）生吃瓜果要洗净。瓜果蔬菜在生长过程中不仅会沾染病菌，而且还会残留农药和杀虫剂等，如果不洗净，不仅可能染上疾病，还可能造成农药中毒。

（3）不随便吃野菜野果。野菜和野果的种类繁多，一般人很难分辨哪些是安全的，哪些是对人体有害的，不随便食用，可以避免中毒，确保安全。

（4）不吃腐烂变质的食物。食物一旦腐烂变质就会味道变酸、变苦，散发出异味，这是由细菌大量繁殖引起的，吃了变质的食物会造成食物中毒。

（5）拒绝食用街边摊食物。街头小摊出售的食品大多不符合食品卫生安全标准，随意食用会危害健康。

（6）不喝生水。水是否干净，仅凭肉眼是很难分辨的，所以应尽量喝开水。

# 第四节　注重健康饮食

一日三餐的饮食习惯，是人类在长期的生活中形成的，目的是维持人体生命健康的基本生理需要。但是，超过三成的大学生饮食是没有规律的，要么不吃早餐，要么暴饮暴食，或是午夜加餐，这种不规律的饮食习惯对人体的危害非常大。

当代大学生是国家建设的栋梁之材，大学学习期间是人一生中知识增长和生长发育最为旺盛的时期，生理和心理的变化相对复杂，各器官机能逐渐成熟，脑力和体力活动十分频繁，思维活跃而敏捷。如果在饮食上不能保障足够的营养，生活能力及抗病力就会变差，学习效率也会下降。

## <<<<<案例 4-9：大学生饮食不规律致病案 ……………………………………

20 岁出头的郑某是某高校的三年级学生。她天性活泼，热衷社团活动，在学生会担任要职，在学院里面小有名气。除了学习之外，她每天要做的事情很多，但所有的事情她都处理得井井有条，唯独自己的饮食没有顾及到，结果经常胃痛、胃胀、呕吐、反酸、嗳气。开始她还没怎么在意，心想自己年轻，身体肯定没有问题，可能是一时吃饭不规律导致的。后来，胃部疼痛越来越厉害，影响到了学习和生活，不得不到医院检查，结果发现她得的是胃溃疡。医生告诉她这是因为饮食不良、经常不吃早餐，且吃一些比较生冷的食物，长期以来，形成胃炎。由于没有及早治疗，错过了最佳的治疗时机，几经转变以至于形成了慢性胃溃疡。

## 常见案例

### <<<<<案例 4-10：大学生饮食不健康致癌案 ……………………………………

上大学三年级的小李自幼懂事，学习也刻苦努力。自从上大学以来，为了节省开支，替家里省下一些生活费，小李总是饥一顿饱一顿，觉得饿时就多吃点，不饿的时候甚至不吃早饭。有时学习到深夜，她就用泡面来填饱肚子。

近一年以来，为了准备对口升学考试，小李更是没日没夜地刻苦学习，方便面也成了她的生活必备品。据小李回忆，她曾有过数次胃部不适的感觉，但都没有放在心上，疼得严重时就吃一片止痛药。一个月前，小李胃疼的症状逐渐加重，间隔也越来越短，还常常打嗝反酸。小李以为自己患了"胃溃疡"，来到医院就诊，得到的却是"胃癌晚期"的诊断结果。

## 案例点评

目前我国胃病及胃癌患者呈现年轻化趋势，预防胃病的紧迫性已经超出预期。而最重要的手段就是从生活细节入手，培养良好的饮食习惯，避免暴饮暴食或饥一餐饱一餐。

## 知识链接

1. 什么是有规律的饮食

有规律的饮食对人体好处多多，那么怎样的饮食才算有规律呢？

（1）营养均衡。

健康饮食是指在营养均衡的状态下进餐。所谓营养均衡是指荤素搭配，比如食用深色肉类居多则少食米面，且需结合蔬菜水果食用；喜欢食用浅色肉类者，则可适量进食米面食物，蔬菜水果与前者比可适量少吃。

（2）定时。

规律是指一日三餐要尽量定时、定量，比如就餐时间定为早餐7：30、中餐11：30、晚餐18：00。此外，晚上10点后禁止进食，因为那时是人体肝脏系统排毒的最佳时间。如果需要，最好食用蔬果类食物。

水果和主食的科学搭配是先吃水果。因为水果多属酸性，易消化吸收，易氧化。先食水果可以帮助肠胃消化食物，这时候它会充当消化主食物的催化剂。如果一定要饭后进食水果，那最好在35分钟之后。

（3）定量。

民间有句谚语："大饥不大食，大渴不大饮。"告诫人们应饮食有节，不暴饮暴食。

早餐以吃饱为宜；午餐选择富含蛋白质的食物，以八九成饱为宜；晚餐最好清淡一些，以吃七分饱为宜，这样才不会对身体产生不良影响。

2. 饮食不规律的危害

长期饮食不规律，会给人体造成很大危害。

（1）损害胃肠，诱发胃肠疾病。

饮食不规律，暴饮暴食会打乱胃肠消化的生物钟。当不吃早餐或饥饿时，胃酸等消化液分泌后得不到食物中和，就会侵蚀胃黏膜，加上幽门螺杆菌的感染，可能会引起急慢性胃炎、胃和十二指肠溃疡等疾病。另外，暴饮暴食可引起急性胃扩张，严重损害胃肠功能。

（2）引起营养失衡。

饮食不规律，或经常不吃早餐，或饮食不均衡，不能给身体提供足够的能量和营养，久而久之，会导致皮肤干燥、贫血、细胞衰老等营养缺乏症状。有调查指出，饮食不规律的人，其骨骼密度远远低于饮食规律的人。出现骨质疏松，饮食不规律是主要原因之一。

（3）其他危害。

在三餐定时的情况下，人体内会自然产生胃结肠反射现象，可使排便规律，有利于身体内代谢产物的排出。如果饮食不规律、不吃早餐等，可造成胃结肠反射作用失调，产生便秘等症状，身体排毒不畅，容易引起皮肤疾病，如痤疮等。

## 预防与处理

身处校园的大学生不仅要学习掌握一定的科学技术知识、专业技能，还应掌握一定的营养知识，养成良好的饮食习惯，确保大学期间科学合理的营养及膳食平衡。想要拥有强健的体魄，就必须摒弃不良的饮食习惯，这样才能更好地学习，并拥有健康的体魄。

1. 吃饭时不玩电脑

现在，大学宿舍中电脑非常普及，大学生们也习惯了一边看视频一边吃饭。用餐时及餐后长时间坐在电脑前，会使肠胃功能退化。另外，大多数上网的同学没有合理选择饮食，食物营养摄入不足。

2. 别把润喉片当糖

润喉片可用来缓解咽喉炎、声哑失音、口腔溃疡等疾病，但是有的同学没病时把它当作糖来解馋。俗话说："是药三分毒。"润喉片不能随便服用。咽喉无明显炎症时滥用润喉片，可抑制口腔及咽喉内正常菌群的生长，导致疾病发生。

3. 不要偏食和挑食

有些大学生偏食和挑食严重，只吃肉不吃蔬菜或者只吃蔬菜不吃肉，导致营养不均衡，对身体发育产生影响。

4. 别把零食当正餐

大学生食用零食在各个高校屡见不鲜，走进大学宿舍，随处可见各式各样的零食包装袋。其实，过量食用零食会影响食欲，妨碍正餐的摄入，从而影响身体正常的功能。

5. 远离街边小吃摊

街边小吃摊，特别是校门口的临时小吃摊，卫生条件差，食品易受灰尘、废气等带菌空气污染，加上有的油炸食品原料来源不明，处于发育阶段的学生长期食用不洁净的油炸食品后，后果将不堪设想。

6. 不拿饮料当水喝

很多大学生口渴了就喝饮料，出去玩时也喝饮料，有的同学喝饮料上了瘾，身体出现问题，经常无缘无故地流鼻血。其实，口渴了应该多喝水，适当喝一点饮料是可以的，但饮料不能完全代替水。

7. 经常喝牛奶

牛奶对于人来说很重要，它能够提供优质蛋白质，尤其是具有人体必需的微量元素和氨基酸。但有的学生偏食，拒绝喝牛奶，造成身体营养不良。

8. 少吃烧烤类食物

吃熏烧食物太多是有害健康的。如果经常在饭前摄入大量热量高却没有营养价值的零食，时间长了会引起胃肠功能失调；而且体内长期摄入熏烧太过的蛋白类食物，易诱发癌症。

# 第五章　财产安全

高校人员密集，贵重物品较多，大学生年纪轻、缺乏社会生活经验，且安全防范意识差，已成为侵财类案件的高发区域，大学生要提高安全防范意识，妥善保管贵重物品，确保自身财产安全。

## 第一节　防盗

盗窃是一种最常见的并为高校师生最为深恶痛绝的违法犯罪行为。盗窃案在高校发生的各类案件中约占40％。近年来，高校的盗窃案件屡屡发生，给大学生的财产造成严重的损失，所以，提高大学生防盗能力是安全教育的一项重要内容。

**常见案例**

<<<<<案例5-1：5台笔记本电脑被盗案……………………………………

2015年12月10日17时许，某高校2014级学生周某报称：宿舍被盗5台笔记本电脑，财物直接经济损失达16000余元。经查，该宿舍同学去上课时，没有锁门和关窗，笔记本电脑随意摆放在书桌上，给犯罪分子提供了可乘之机。

## <<<<<案例 5-2：篮球场手机被盗案 ………………………………………

2016 年 3 月 30 日 18 时许，某高校学生邓某在篮球场打球时，随意将自己的苹果6S 手机放在篮球架底部，也没有招呼一起打球的同学注意看管，打完球准备回宿舍时，发现价值 5288 元的手机被盗。

### 案例点评

大学生安全防范意识普遍不强，存在财物随意摆放、宿舍门不落锁、随意留宿校外人员等现象，极易诱发财物被盗案件。

### 知识链接

1. 盗窃

盗窃是指以非法占有为目的，秘密窃取他人占有的数额较大的公私财物或者多次窃取公私财物的行为。它是一种最常见并为大家所深恶痛绝的违法犯罪活动。据了解，在全国各大学发生的各类治安、刑事案件中，盗窃案件占大多数，其中绝大部分发生在大学宿舍。

2. 相关法律法规

《中华人民共和国刑法》第二百六十四条规定："盗窃公私财物，数额较大或者多次盗窃的，处三年以下有期徒刑、拘役或者管制，并处或者单处罚金；数额巨大或者有其他严重情节的，处三年以上十年以下有期徒刑，并处罚金；数额特别巨大或者有其他特别严重情节的，处十年以上有期徒刑或者无期徒刑，并处罚金或者没收财产；有下列情形之一的，处无期徒刑或者死刑，并处没收财产：

（1）盗窃金融机构，数额特别巨大的；

（2）盗窃珍贵文物，情节严重的。"

3. 学生宿舍常见的盗窃方式

（1）"顺手牵羊"。趁人不备，将宿舍的钱财、手机、电脑及其他贵重物品盗走。

（2）乘虚而入。宿舍里面无人，房门不锁，窗户不关，盗贼乘虚入室。

（3）"钓鱼"。一楼宿舍夜间窗户不关，盗贼极易用竿具将晾晒在窗边的衣物钩走。

（4）撬门扭锁。这是犯罪分子惯用的伎俩。

4. 学生宿舍容易发生盗窃的时间

（1）新生入学、毕业生离校、宿舍较乱时易发生盗窃。

（2）放假前易发生盗窃。

（3）假期学生离校后，易发生撬门扭锁盗窃。

（4）学生都去上课时易发生盗窃。

（5）晚自习期间，如相连的几个宿舍人走楼空，宿舍也没有开灯，也可能发生盗窃。

（6）学校举办大型文体活动，外来人员剧增时，发生盗窃的可能性会增加。

## 预防与处理

1. 学生防盗应注意事项

学生要想不被盗，以下几点应该注意：

（1）财物"随身携带"。贵重物品要随身携带，不要用装有贵重物品的书包在教室、图书馆、食堂等公共场所占位置；在公共场所时，不要将钱包、手机等贵重物品随意乱放。

（2）财物"少带少放"。随身少携带财物，寝室、家里少存放财物。

（3）克服"两种心理"。一是克服事不关己高高挂起的自私心理。宿舍区发现可疑人员要提高警惕，必要时可向保卫处报警。二是克服麻痹大意的心理。一些同学认为学校治安秩序好，寝室内财物随意乱放，还有一些同学认为自己运气好，小偷不会偷到自己头上，这些都是麻痹大意心理的表现。

（4）做到"三个好"。一是把门、窗、抽屉、柜子关好、锁好；二是将财物存放好；三是将存折、银行卡密码保护好。

2. 冷静应对盗窃案件

一旦发生了盗窃案件，一定要冷静应对，并注意以下几个方面：

（1）保护现场，及时报案。

如果发现寝室门被撬，抽屉、箱子被翻动或锁被撬坏，应迅速组织在场人员保护好现场，并立即向保卫部门报告，告知院系有关领导。在相关专业人员到达现场前，切不可急急忙忙翻动现场的物品、查看自己的物品是否丢失，这会给公安人员准确判断、正确分析、搜集证据及展开侦查等工作带来很大的影响。

（2）发现可疑，及时控制。

①发现可疑人员时应主动上前询问，查询时应态度和气，但要细致周全。

②当对方回答疑点较多时，如所说的专业、班级不对，要找的人根本不存在，神色慌张、左顾右盼，则可进一步盘问，必要时还可问其姓名、单位，然后要求查看身份证、工作证、学生证等证件。

③经盘问发现来人疑点很多时，如对方不肯说出真实身份，或身边携带有可疑物、作案工具等物品，应由宿舍值班人员及学生治保会人员按宿舍管理规定与其谈话将其拖住，同时打电话向学校保卫部门报告。

④要注意的几个问题：一是态度始终要和气，即使可疑人激动争吵，也应请值班

人员按宿舍管理规定与之说理，切不可动手；二是不能随意进行搜查，因为这样做是违法的；三是如果可疑人是盗窃分子，还要防其突然行凶或逃跑。

（3）配合调查，实事求是。

应该如实回答前来勘验和调查的公安保卫干部提出的各种问题，积极向负责侦查破案的公安干警提供线索，协助破案。

（4）及时报失，降低损失。

如发现存折被盗或可能已被盗，应尽快到存款银行办理存折挂失手续，防止盗窃分子将存款取走。

## 第二节 防诈骗

诈骗，由于一般不使用暴力，而是在一派平静甚至"愉快"的气氛下进行的，当事人往往容易上当。提防和惩治诈骗分子，需要大学生自身的谨慎防范和努力，认清诈骗分子的惯用伎俩，以防上当受骗。

### 常见案例

#### <<<<<案例 5-3：爱心助人被骗案 ………………………………………

2015 年 11 月 28 日 19 时 40 分许，某高校 2015 级学生王某来保卫处报警称：当日 17 时 30 分许，王某在去图书馆的路上碰到一青年男子问路，经过一番交谈，该男子自称来自香港，在市区撞伤一名女子，急需 5 万元的治疗费，但其香港的银行卡在大陆无法使用，需借用王某的银行卡转账，马上到医院缴纳治疗费。平时经常助人为乐的王某同意了该男子的请求，该男子随后电话联系其朋友，其朋友在电话中告诉王某钱已打进她的银行卡，王某当着该男子的面拨打了银行客服电话查询汇款是否到账，且输入密码时没有回避该男子。经查询当时未收到汇款，该男子便以时间紧迫，必须马上到医院为由，请求王某将银行卡先借给他，并约定 30 分钟后归还。两个小时后，王某还未接到该男子电话，通过银行客服查询，发现被借走的银行卡上 2100 元已不翼而飞，遂到保卫处报案。

#### <<<<<案例 5-4："客服" 电话诈骗案 ………………………………………

2017 年 5 月 9 日 15 时 40 分许，某高校学生赵某接到一个自称某购物网站客服的电话，该"客服"以赵某之前在网上购买过衣服，且自己操作失误，将其归类到采购商一类，并且以恶意拖欠巨额购物款为借口诱导、恐吓赵某。同时该"客服"联合另一名自称是银行工作人员的人，以帮助赵某修改身份、澄清事实为由，要其到学校的ATM机上修改客户信息。赵某按照"银行工作人员"的操作提示修改信息之后，手机短信立刻显示银行卡上1900元不翼而飞。

## 案 例 点 评

以上两个案例充分暴露出大学生防范诈骗意识薄弱，很容易相信陌生人，进而上当受骗，造成财产的损失和身心的伤害。

## 知 识 链 接

1. 诈骗

诈骗是指以非法占有为目的，用虚构事实或者隐瞒真相的方法骗取款额较大的公私财物的行为。由于这种行为不使用暴力，而是在一派平静甚至"愉快"的气氛下进行的，加之受害人防范意识较差，较易得逞。

2. 相关法律法规

《中华人民共和国治安管理处罚法》第四十九条规定："盗窃、诈骗、哄抢、抢夺、敲诈勒索或者故意损毁公私财物的，处五日以上十日以下拘留，可以并处五百元以下罚款；情节较重的，处十日以上十五日以下拘留，可以并处一千元以下罚款。"

《中华人民共和国治安管理处罚法》第五十一条规定："冒充国家机关工作人员或者以其他虚假身份招摇撞骗的，处五日以上十日以下拘留，可以并处五百元以下罚款；情节较轻的，处五日以下拘留或者五百元以下罚款。冒充军警人员招摇撞骗的，从重处罚。"

3. 大学校园中常见的骗术

大学校园中常发生的诈骗行为有以下几种：

（1）通过上网聊天交友，取得被害人信任后编造谎言进行诈骗。

（2）假称自己发生了意外，利用学生的同情心理寻机诈骗。

（3）以恋爱为名进行诈骗。

（4）编造学生在学校受到意外伤害，对其家长及亲属实施诈骗。

4. 大学生上当受骗原因分析

从众多受骗上当的案例中反思，不难看出大学生身上的确存在一些容易被利用的因素。

（1）思想单纯，分辨能力差。主要原因是大学生从小学、中学到大学期间，与社会接触较少，社会生活经验少，思想单纯，对人或事缺乏应有的分辨能力，更缺乏刨根问底的习惯，分辨是非能力差，对于事物的分析往往停留在表象上，或根本就不去分析。看到的是"世界充满爱"，却忘记了世界上还有邪恶。

（2）感情用事，疏于防范。帮助有困难的人的优良传统是值得我们继承和发扬的。但如果不假思索地"帮"一个不相识或相识不久的人，是很危险的。一些大学生常怀有同情、怜悯之心，一旦遇上那些自称走投无路、急需帮助的"落难者"，往往就会被骗子的花言巧语所蒙蔽，马上"慷慨解囊"，还自以为做了一件好事。

（3）有求于人，轻率行事。常言道："人在屋檐下，不得不低头。"每个人都免不了有求他人相助的时候，能否如愿取决于是何事，对象是谁。要了解对方的人品和身份。如果轻率鲁莽行事，不辨青红皂白，往往会上当受骗。有人在"帮助"他人时，往往是急不可待，放松了警惕，对于对方提出的要求唯命是从，很"积极自觉"地满足对方的要求。据调查，当前大学生容易被利用的心态是：缺乏经商实际经验；急于成名、爱慕虚荣；想谋到理想的工作而又缺少门路；等等。

（4）贪小便宜，急功近利。贪心是受害者最大的心理缺点。很多诈骗分子之所以屡屡得手，很大程度上是利用了人们的贪心。受害者往往是被诈骗分子开出的"好处""利益"所吸引，这些人见"利"就上，对诈骗分子的所作所为不进行深入分析，不进行调查研究，最后落得"捡了芝麻，丢了西瓜"的可悲下场。一些同学被诈骗分子所开的"好处""利益"所吸引，自认为是用最小的代价获得了最大的利益。

## 预防与处理

大学生可以从以下几点入手，预防大学校园诈骗案件的发生。

1. 提高防范意识，学会自我保护

社会环境千变万化，大学生必须尽快适应环境，学会自我保护。要积极参加学校组织的法制和安全防范教育活动，多了解、多掌握一些防范知识，这对于自己有百利而无一害。在日常生活中，要做到不贪图小便宜、不谋取私利。在助人为乐、奉献爱心的同时要提高警惕性，不能轻信他人的花言巧语。不要把自己的家庭地址等情况随便告诉陌生人，以免上当受骗。发现可疑人员要及时报告，上当受骗后更要及时报案、大胆揭发，使犯罪分子受到应有的法律制裁。

2. 交友要谨慎，避免以感情代替理智

人的感情是主体与客体的交流，既是主观体验，也是对外界的反应，包含着理智成分。如果只凭感情用事、一味"跟着感觉走"，往往容易上当受骗。交友最基本的原则有两条：一是择其善者而从之。真正的朋友应该建立在志同道合、高尚道德情操的基础之上，是真诚的感情交流，而不是简单的利益关系。要学会了解、理解和谅解对方。二是严格做到"四戒"，即：戒交低级下流之辈，戒交挥金如土之流，戒交吃喝嫖赌之徒，戒交游手好闲之人。与人交往要区别对待，保持应有的理智。对熟人或朋友介绍而认识的人，要学会"听其言，查其色，辨其行"，而不能认为"朋友的朋友就是朋友"。对"初相识的朋友"不要轻易"掏心窝子"，更不能言听计从，受其摆布利用。对那些"来如风雨，去如微尘"的上门客，态度要热情，处置要小心，尽量不为他们提供单独行动的时间和空间，以避免给犯罪分子创造作案条件。

**3. 同学之间要相互沟通、相互帮助**

在大学里，班集体是最基本的组织形式。在这个集体中，大家奔着同一个学习目标，生活和学习是统一的、同步的。同学间、师生间的友谊非常宝贵，因此相互间应该加强沟通、互相帮助。有些同学习惯于把个人之间的交往看作个人隐私，但必须了解，既然是交往就不存在绝对保密。有些交往关系，在适合的范围内进行透露或公开，有利于个人安全。特别是在自己觉得可能会吃亏上当时，与同学进行沟通，或许会得到一些帮助，避免受伤害。

**4. 服从校园管理，自觉遵守校纪校规**

为了加强校园管理，学校制定了一系列管理制度。制度，是用来约束人们行为的，在执行过程中可能会给同学们带来一些不便，但又是必不可缺的。况且，绝大多数校园管理制度都是为控制闲杂人员和犯罪分子混入校园作案，为维护学生正当权益和校园秩序而制定的。因此，同学们一定要认真执行有关规定，自觉遵守校纪校规，积极支持有关部门履行管理职能，并努力发挥出自己应有的作用。

**5. 预防诈骗小窍门**

（1）不要感情用事，遇事要理智地加以分析和判断。

（2）不要与陌生人有经济往来，不要与陌生人搭话。

（3）不要贪小便宜，不要想一夜暴富。无本获利，非诈即骗。

（4）新生要随时与家长保持联系，互通信息。每年在新生入学后，都会发生一些诈骗案件。诈骗分子利用电话与家长取得联系，对家长谎称小孩在学校发生了意外事故，急需住院进行抢救。家长在接到这种电话后，往往不核实情况，便按诈骗分子的要求将钱打到银行账号上，结果等事后清醒再与学校老师、子女联系时，才发现上当受骗。

（5）与陌生人打交道，切记以下四点：

①不要将个人身份证、学生证等有效证件借给他人，以防被冒用。

②不要将个人银行卡、存折、住址、电话、手机等信息资料告诉或借给他人，更不能轻易泄露相关密码，以防被人利用。

③不要接受陌生人提供的饮料、食品、香烟等物品。

④一旦发现以"求助"或利诱为名的可疑行为，应及时向父母、老师报告，或直接到保卫处和派出所报案。

# 第三节　校园借贷

大学阶段是许多年轻人第一次走出家门、独立生活的开始，也是个人支配财务的起点。对于第一次手握财政大权的大学生来说，面对学费、生活费及各种开支，合理地进行财务管理便成了他们面临的不小难题。近年来，校园网贷不规范发展，诱导学生过度消费，甚至陷入"高利贷"陷阱，侵犯学生合法权益，使大学生及其家庭苦不堪言。

## 常见案例

### <<<<<案例5-5：新 "马云" 深陷 "借贷宝" 陷阱案 …………………

2015年10月初，某高校辅导员发现该院学生朱某通过网络借贷宝平台开展金融借贷业务，存在巨大风险，于是找该同学谈话进行劝阻。该同学拒绝辅导员的劝阻，并称如阻止其继续开展此项业务，就是阻止一个"新马云"的诞生……

两个月后，朱某沮丧地来到派出所报案，称其在网络上被骗近70万元。经民警询问，发现朱某于2015年9月28日至10月9日，通过借贷宝平台向他人借钱，再以高息借贷出去，涉及金额188.2万元，其中69.8万元无法追回。因此类借贷行为属经济纠纷，公安机关不能立案。朱某只能自行偿还69.8万元，致使自己及家人背上巨大债务，深陷借贷宝陷阱无法自拔。

### <<<<<案例5-6：校园借贷巨债跳楼案 …………………………

2016年3月9日，某高校学生郭某跳楼身亡，原因竟是通过网贷博彩和炒股，最终无力偿还几十万元欠款！郭某生前还利用班上多名同学的身份信息，在不同的校园金融平台上，办理了贷款。这些同学，在不知情的情况下，已经背上了巨额债务！

## 案例点评

1.2017年9月6日，教育部明确要求"取缔校园贷款业务，任何网络贷款机构都不允许向在校大学生发放贷款"。

2. 上述两例案例，仅仅是近年来高校发生的众多校园贷案例中的冰山一角。校园贷的存在，一定程度上影响了校园正常的教学、生活秩序，损害了学生、家长的财产利益，危害了学生的生命安全。

**知识链接**

1. 校园贷是指在校学生向各类借贷平台借钱的行为，现在一般是指通过电商平台，P2P贷款平台、民间放贷机构等贷款。

2. 不良校园借贷的陷阱

近年来，打着"扶持创业""助学扶贫"等旗号针对大学生的小额网络贷款悄然滋生。学生只需要填写一些基本资料，拍几张照片，就可以拿到数额不等的贷款。而这些网贷平台，多是打着"多分期，低利息"甚至"0利息"的幌子来吸引大学生贷款。其实这样看似优惠多多的小额贷款平台，处处是陷阱！

**陷阱一：低息背后，实有高额服务费**

有相当一部分网络贷款公司，在贷款到账后，要收取"指标费用"，其实就是服务费。比如贷款10000元，可能就会收取10%的服务费，贷款人拿到的钱其实只有9000元。假设借款10000元，年利率是10%，那么到最终还款日，一共就要还11000元，这样一来，其实就是借了9000块钱，还了2000块钱利息，算下来，贷款利率已经达到22%还要多。而2015年央行给出的商业贷款一年期利率仅为4.35%。当然，这样的条款，在合同上，往往是不显示的。

**陷阱二：分期还的少，其实是高利贷**

有一部分校园网贷的代理，在向同学介绍网贷的时候，一味强调可以分期，没什么压力。某高校学生就透露，有代理向他介绍网络贷款，贷5000元，分12个月还清，每个月仅需偿还551元。五百多听起来很划算，可仔细算下来，12个月的话，该学生总共需要支付6612元，折合贷款年利率超过32%，而事实上，年利率超过24%就已经属于高利贷了！

**陷阱三：扣押"担保费"，本息还清才放款**

不需要任何征信记录就可以放款，听起来贷款平台有点像冤大头，可事实并非如此。他们会在合同上告诉学生，鉴于对对方信用记录不了解，所以，需要扣押一部分借款作为"担保费"。等还清所有本息之后，扣押的钱会一分不少地返还给你。

听起来要求很合理，毕竟人家也是做生意的。然而，一旦出现逾期，扣押的钱借贷平台就不会返利。可将来却仍需要为这部分钱支付巨额逾期利息，哪怕不逾期，平台实际上也在无形中提高了贷款利息。

还是以10000元为例，一年为期限，假设利息是10%。借款到期，本应支付11000元，然而，某平台扣押2000元的"担保费"之后，拿到手的钱只有8000元，但是最终却需要支付借款10000元应付的利息。拿到扣押的2000元之后，算下来，就是借8000元总共付了1000元的利息，利率已经达到12.5%。这样的漏洞，不仔细算，根本不可能发现。

### 陷阱四：逾期后果很严重，容易引发"连环贷"

网络贷款平台，不需要抵押，不需要征信记录等等，就敢放款给学生，难道不怕学生逾期不还钱？

有个做网络贷款的校园代理私下透露，其实不怕他们逾期，就怕他们不逾期。一旦逾期之后，那就是按天算利息了，利滚利，越滚越大，那网络平台就发财了。因为留有学生家长和老师的电话，可以先威胁他们要告诉老师，还不行那就直接打电话给家长，家长一般为了不让小孩背上不良信用记录，都会还的。再不济，不还可以走司法程序么？反正有合同，我们怕什么？而且有一部分学生不敢让家长知道，就"拆东补西"，很容易引发"连环贷"。

3. 不良校园信贷的危害

（1）虚假、片面宣传忽视风险。

目前的校园网络借贷平台，出于抢占市场和竞争的需要，普遍存在虚假、片面宣传。比如，隐瞒或模糊实际资费标准、逾期滞纳金、违约金等，学生真正签约借钱或产生了逾期后，才会意识到问题的严重性。

（2）借款实际费率普遍很高。

以趣分期平台的产品"趣白条"为例，借款3000元，借款期限1个月、3个月、6个月、12个月对应的年利率分别为24.0%、17.5%、15.4%、13.5%。

据银率网数据库不完全统计，目前涉及校园借贷的平台，借款利率普遍较高。有一家湖北武汉的平台"爱上贷"，其"爱学宝"项目给出借人的收益率在20%左右，借款学生要付的年利率至少在25%以上。

（3）诱导了学生过度借款。

"凭学生证即可在线办理"，诸如此类，很多平台根本不去考虑学生的还款能力、还款来源，极不负责。在河南大学生小郑跳楼自杀的案例中，小郑假借同学的名义就能轻易获得几十万元的贷款，可见很多平台的审核和风控几乎形同虚设。

此外，各校园贷平台之间对同一借款人的借款信息没有数据共享。同一借款人可能在多家平台同时借款，导致其负债额度过大，一旦出现问题就会比较严重。

（4）采用不文明催收手段。

借钱太容易了，就会控制不住，但当还不起钱的时候，校园贷平台可就没那么好说话了。很多校园贷平台普遍存在不文明的催收手段，比如"关系催收"，有的甚至拍下女生裸照相胁迫。学生借款时被要求填写数名同学、朋友或亲属的真实联系方式，如果借款学生不能按时还款，平台就会把其逾期信息告知该学生的关系圈，严重干扰和伤害了借款学生。这些方式，是对学生权利的一种侵害，但却成为很多平台的常态。

**预防与处理**

（1）2017年6月28日，中国银行业监督管理委员会、教育部、人力资源社会保障部联合印发了《关于进一步加强校园贷规范管理工作的通知》，要求进一步加大校园贷监管整治力度，从源头上治理乱象，防范和化解校园贷风险。2017年9月6日，教育部财务司副司长赵建军在教育部新闻发布会上表示，根据规范校园贷管理文件，任何网络贷款机构都不允许向在校大学生发放贷款。为了满足学生金融消费的需要，鼓励正规的商业银行开办针对大学生的小额信用贷款。

（2）建立校园不良网络借贷实时预警机制，及时发现校园不良网络借贷苗头性、倾向性、普遍性问题，及时分析评估校园不良网络借贷潜在的风险，及时以电话、短信、网络、校园广播等形式向学生发布预警提示信息。

（3）建立校园不良网络借贷应对处置机制，对侵犯学生合法权益、存在安全风险隐患、未经学校批准在校园内宣传推广信贷业务的不良网络借贷平台和个人，第一时间报请金融监管部门、公安、网信、工信等部门依法处置。

（4）大学生应该树立正确的消费观念，不盲目消费，不超前消费，更不要相互攀比。目前，网络金融产品种类繁多，良莠不齐，门槛低，诱惑大，存在巨大风险。请同学们不要参与任何形式的校园借贷。

（5）大学生要树立正确的消费观念，不要触碰网络贷款。如实在需要贷款，一定要和家长商量好再做决定，确定有偿还能力，还要仔细阅读贷款合同，不合理的地方要及时问清楚，以免造成不必要的麻烦。

（6）大学生创业不要幻想一夜暴富。要脚踏实地，多学习相关法律法规。

（7）大学生必要时可以通过法律途径来解决这个借贷纠纷。根据2015年《最高人民法院关于审理民间借贷案件适用法律若干问题的规定》，借贷双方约定的利率未超过年利率24％，出借人请求借款人按照约定的利率支付利息的，人民法院应予支持。借贷双方约定的利率超过年利率36％的，超过部分的利息约定无效。借款人请求出借人返还已支付的超过年利率36％部分的利息的，人民法院应予支持。

（8）学生遭遇网贷平台暴力催收应报警。落入校园贷陷阱、人身财产受到侵害的大学生，往往因受到胁迫、恐吓而不敢报警。小额贷款的月利息在两分以上，就不受法律保护了；至于高额的利息和手续费、暴力催债、'裸条'曝光等更涉及诈骗、恐吓、人权侵犯，大学生不可被对方的恐吓吓退，务必及时报警，及时用法律手段维护自身的合法权益。

# 第六章 交际安全

在现代社会中，人人都需要社交，没有人能够脱离社会群体而生存，尤其是身处校园"小型社会"中的大学生。大学生正处于身体和心理的发育时期，交友面积较广，人际关系越来越复杂，而人际关系的好坏直接影响着一个人的身心健康。因此，培养和提高与他人的交流能力是大学生活中重要的内容。

本章对大学生常见的人际关系类型进行了具体分析，目的是引导在校大学生客观、冷静、正确地审视自己的心理状况，培养大学生在人际交往中应对各类危险的能力。

## 第一节 室友关系

室友关系是大学阶段最基本的人际关系。住集体宿舍，与宿舍成员搞好关系非常重要。关系融洽，心情舒畅，不仅有利于大学生的学习，也有利于其身心健康；倘若关系不融洽，甚至紧张，就会给大学生活涂上一层阴影，带来负面影响。

**常见案例**

<<<<<案例 6-1：马加爵事件 ………………………………………………

2004 年发生的"马加爵事件"曾轰动全国，大学生乃至大学生人际关系的问题再

次被人们关注。人们都在思考：是什么原因致使一个高校学子对自己的同学和室友痛下杀手，连杀四人后逃脱。现在我们回顾一下"马加爵事件"的始末。

2004年2月，案发前的某一天，马加爵和室友邵某等几个同学在打牌时，邵某怀疑马加爵出牌作弊，两人发生了争执。邵某称马加爵人品有问题，马加爵怀恨在心。

2月13日晚，马加爵趁同学唐某不备，就用石工锤砸向室友唐某的头部，将其砸死后，用塑料袋扎住唐某的头部，将其藏进衣柜锁好，并认真处理好现场。14日晚，邵某上网回来较晚，隔壁宿舍的同学已经休息，他就回到了317室休息。就在邵某洗脚的时候，马加爵用石工锤将邵某砸死。

2月15日中午，马加爵正在宿舍里处理头天夜里杀死邵某时留下的血迹。这时，杨某来到317室找马加爵打牌，已经杀红了眼的马加爵做贼心虚，一不做二不休，用同样手段夺走了杨某的性命。当晚，马加爵来到同学龚某的宿舍，说317室里打牌正三缺一，叫龚某过去打牌。结果，龚某在当晚也惨遭马加爵的毒手，据称龚某仅仅是因为生日没有邀请马加爵而被杀。

#### <<<<<案例6-2：名校大学生寝室投毒案 ……………………………………………………

2013年4月1日凌晨，某名牌大学2010级硕士研究生黄某，在饮用了饮水机中的水后出现身体不适入院，病情危重，抢救无效，于16日下午3点23分在医院不治身亡。4月11日，警方通报在饮水机残留水中检测出有毒化合物，12日警方认定同寝室的林某存在重大犯罪嫌疑，林某被警方依法刑事拘留。

根据调查，林某因生活琐事与黄某不和，心存不满，经事先预谋，3月31日中午，将其做实验后剩余并存放在实验室内的剧毒化合物带至寝室，注入饮水机水槽，致使黄某在饮用后中毒死亡。

#### <<<<<案例6-3：寝室琐事致人死亡案 ……………………………………………………

2013年4月16日晚22时左右，某大学的一名三年级男生蒋某回宿舍时，因未带钥匙而敲门，但室友袁某正打游戏未及时开门，双方为此发生口角和冲突。冲突过程中，袁某拿起书柜上的一把水果刀捅向了蒋某胸部，蒋某被送医院后因抢救无效死亡。袁某第二天凌晨已经被刑事拘留。

#### 案例点评

对上述案例中的犯罪分子，我们在愤怒的同时，还感到寒心和痛心，正值花样年华的大学生却如同恶魔一样，肆意伤害室友的生命，断送了自己的美好前程，并对学校和社会造成了极为恶劣的影响。我们必须思考，大学生的人际交往能力为何如此令人担忧？

知识链接

1. 室友

室友，狭义来说是指学校在分配宿舍时，被编配与自己同一房间的人。广义来说是指居于同一住所，共同生活但无亲属、血缘、婚姻及性关系的人，例如合租在一套（间）房子内共同居住的人。

2. 宿舍的功能

（1）教育导向功能。宿舍是一个开放的系统，一个兼收并蓄的场所。社会上各种各样的思想、理论、观念都能在这里展现和碰撞。加之宿舍所固有的相对宽松、自由的环境，学生的思想、行为、心理在这里表现得最为丰富、真切、彻底，许多深层次的思想问题在这里显露无遗。

（2）规范约束功能。宿舍制度文化是一种行为规则，是对宿舍成员的各种行为的辨别模式，可以检验其行为是否符合宿舍文化所指向的目标。

（3）群体凝聚功能。宿舍是学生学习、生活、娱乐的场所，"家园"氛围比较浓。宿舍文化的重要作用就是强化宿舍成员的这种新的高层次的"家园"意识。宿舍文化用集体主义观念取代了传统的家庭观念，从而在全体成员之中形成一种无形的向心力。

（4）人格塑造功能。从社会心理学的角度看，宿舍文化是一种群体心理环境。宿舍成员可以通过环境熏染完成世界观、人生观的确立，达到人格的初步成熟。

（5）心理调适功能。相对于课堂文化和其他校园文化，宿舍具有较大的自由度和宽松和谐的氛围。因而，宿舍文化便成为学生进行适度的自我表现和情绪宣泄的有效形式。

3. 宿舍矛盾产生的原因

在宿舍这个大家庭里，大家来自不同的地方，说着不同的方言，虽然每个人都有其特点，但是能够聚到一起就是一种缘分。在现实中，宿舍成员之间免不了存在大大小小的摩擦，这些矛盾究竟为何会产生呢？具体分析，主要有以下几个原因。

（1）学习。虽然在大学里考试成绩远没有中学时代那么重要，可是事实上，当宿舍里出现某一个学习相当好的成员时，有些人可能会表现出嫉妒和不满，甚至会出现孤立此人的情况。

（2）性格。宿舍本身是一个混合体，不同的人性格不同，而且又是血气方刚的小青年，一旦发生争论或争执，谁都不会认为自己错了，谁都会坚持自己在某件事情上的看法。

（3）恋爱。宿舍中最尴尬的事情就是恋爱问题了，尤其是两个人同时喜欢上一个人的时候。这种情况最易产生矛盾。

（4）习惯。个人喜好、卫生、讲话方式以及处事方式等都是习惯的一部分。当同时参加某一活动的时候，因习惯不同，矛盾就会产生。宿舍里产生矛盾最常见的因素便是习惯差异。

（5）贫富。贫富是宿舍里最敏感的话题，很多寝室矛盾都是因为炫富引起的。其实穷或富都是父母给的，我们不能选择，钱财也并不是值得炫耀的东西。

## 预防与处理

在名校大学生投毒案之后，关于室友问题网上流行着一句话："感谢你们当年的手下留情。"这句话虽然调侃成分十足，但是室友关系的处理确实需要我们仔细考虑。其实宿舍里发生的都是些鸡毛蒜皮的小事，有些事大家在一起说开了就好了，最重要的是沟通。远亲不如近邻，大学四年和室友相处的时间比家里人还要多，只要把握好交际关系，就可以收获几个贴心的好哥们、好姐妹。

### 1. 与室友统一作息

一个宿舍一般有三四个或五六个，甚至更多的人，大家在一起生活，宜有统一的作息时间。只有大家协调一致、共同遵守，才能减少争执，消除摩擦，维持正常的生活秩序。如果你是"夜猫子"，晚上睡得很迟，待宿舍成员都睡了你才开始洗漱，这样就容易惊醒其他人，影响别人休息。久而久之，你就会引起室友们的厌恶。

因此，宿舍的成员应当尽量统一起居时间，缩小作息差距。倘若实在有事，早起或者晚睡者也应尽量降低声响以免对室友们产生影响。

### 2. 不搞"小团体"

在宿舍中，应当以平等的态度对待每一个人，不要厚此薄彼，和一部分人打得火热，而对另一部分人疏远不理。有些人喜欢同宿舍中的某一个十分亲近，在平时，老是与某个人说悄悄话，进进出出都和某个人在一起，对其他人态度冷冰。这样就容易引起宿舍其他成员的不悦，可能认为你是不屑与之交往。所以在宿舍里，对每个人要尽量保持同等距离，和舍友们处在不即不离的状态，不搞"小团体"。

### 3. 不触犯舍友的隐私

每个人都有自己的秘密，也有足够的好奇心。对于室友的隐私，切不可想方设法去探求。对方把一个领域作为隐私，就对这个领域有了特殊的敏感，任何试图闯入这个领域的话题都是不受欢迎的。应注意的是，未经室友同意，不可擅自乱翻其衣物。

### 4. 积极参加集体活动

宿舍活动不单纯是一个活动，更是室友之间联络感情的重要形式，应该积极参与配合。千万不要幼稚地把集体活动当作是纯粹费财费力的无聊之举，表现出一副不屑为伍的样子。其实，宿舍活动是感情投资，是大学生活中不可或缺的。

**5. 别人有难要帮，自己有事也要求**

良好的人际关系是以互相帮助为前提的。当舍友遇到困难时，应当主动伸出援助之手。当我们有事时，是否宜向舍友求助呢？答案是肯定的。因为有时求助反而能表明你对别人的信任，能够融洽关系，加深感情。

**6. 不拒绝零食和宴请**

当室友买来水果、瓜子之类的零食分给你时，你应愉快接受，不要推让，不要以吃别人的东西感到难为情而拒绝。有时，室友因过生日或其他事请你吃饭，你也应欣然前往。因为互酬不仅仅体现在物质上，更体现在心理上。你接受别人的邀请，从某种意义上说，也是给别人面子。

**7. 不逞一时口快**

"卧谈会"是宿舍的一个重要活动项目。室友们互说见闻，发表意见，本来是件很愉快的事，但也往往因小事而发生争执，"卧谈会"变成了"口舌大战"。其实，喜欢逞一时口快，在嘴巴上占便宜的人是非常愚蠢的，给人感觉是太好胜，难以合作。你不尊重别人，别人也不会尊重你。你夸夸其谈，想处处表现得比别人聪明，最后也只会引起别人反感。

**8. 完成该做的杂务**

宿舍成员，不仅应做好自己个人的事，还应做好集体的事，没有哪一个集体会欢迎一个自私、懒惰和邋遢的人。因此，必须尽力搞好属于自己的那份杂务，凡事要养成亲力亲为的好习惯。

## 第二节 师生关系

师者，传道授业解惑者也，在传统文化里，融洽的师生关系一直令人向往。古时私塾、书院的师生关系，可以用一句话来概括，叫"一日为师，终身为父"，师生关系是仅次于亲人关系的一种恩情关系。

可是现在的大学里，也存在一些不正常的师生关系，如师生关系变成了老板和员工之间的关系；师生之间互不认识、互不了解；师生在课堂上各干各的、互不干涉；师生之间发生矛盾，甚至伤害老师的案例也时有发生，性骚扰、潜规则这类校园桃色新闻等。

**常见案例**

**<<<<<案例6-4：大学生逃课致师生关系紧张案** …………………………

2008年1月4日晚，某大学教授杨某在上"生态经济与中国人口环境"选修课，因为逃课学生人数太多而与一名欲离开教室的女学生发生肢体冲突。第二天，杨某在学校官方网站发布"致有关院领导的信"，对前一天晚上的事件做了简要说明，要求学校处理相关学生。并公布了该堂课未坚持听完课学生的名单，称"原则上缺席者不能及格"。

**<<<<<案例6-5：泼水门事件** ………………………………………………

2014年11月13日，某政法大学教师蒋某因在课堂上批评一王姓女生，被王某用茶杯接开水直接泼向蒋某，致使蒋某受伤，经鉴定，伤情为2.5度烫伤。

**案例点评**

教育不是冰冷的机器灌输，"教育是要立人的"，良好的师生关系是大学教育的基石，是使大学成为精神圣殿的根本，应避免把师生关系变异成"没关系"或是"仇敌关系"。

**知识链接**

1. 师生关系

师生关系是指教师和学生在教育、教学过程中结成的相互关系，包括彼此所处的地位、作用和相互对待的态度等。师生关系既受教育活动规律的制约，又是一定历史阶段社会关系的反映。良好的师生关系是提高学校教育质量的保证，也是社会精神文明的重要方面。

2. 教育关系

教育关系是师生关系中最基本的表现形式，也是师生关系的核心，这种关系是为完成一定的教育任务而产生的。一般来说，在教育活动中，教师是促进者、组织者和研究者，而学生则是参与者、学习者，同时又是学习的主人和自我教育的主体。

教育关系的建立首先取决于教师的教育水平，直接受制于教师的专业知识、教育技能和人格力量。在教育关系中，教师与学生的活动中心都与教育目标有关，并体现着学校教育工作的任务与特点。

3. 师生关系不和谐的原因

近年来，一些大学频频发生师生冲突，折射出大学师生关系的不和谐。那么，究竟是什么原因导致了师生关系不和谐呢？

（1）成绩至上的观念。

无论是在中学还是大学，学生成绩至上的评价方式根深蒂固，而全面客观的评价体系还没有完全建立和落实，使得部分学生的全面发展和个人潜能被忽视了，造成师生关系的疏远。

（2）网络教育的影响。

网络的普及使学生接受信息的渠道拓宽，从学校教学渠道获取信息的比例降低。而教师由于工作繁忙，获取的社会信息量相对不足，网络知识的侧重点与老师的讲授迥然不同，使得学生对教师的信任度和满意度降低。

（3）传统"师道尊严"观念的束缚。

由于传统的师道尊严观念在大部分教师中仍然存在，他们放不下架子，不能平等对待学生，导致师生关系紧张。同时部分教师在管理、沟通上缺乏艺术，以管代教、以堵代疏，以批评代替教育的做法挫伤了学生的自尊心，得不到他们的理解，拉大了师生间的距离，并造成学生的封闭心理或逆反心理。

（4）社会不良风气的影响。

处在人生观和世界观形成关键时期的青少年，很容易受到社会不良风气的熏染，平时耳濡目染，互相交流，外加电视节目、网络传播、庸俗图书等的诱惑，使大学生染上了许多恶习。

预防与处理

1. 教师处理好师生关系的方法

师生关系和谐，不仅有利于形成良好的教学氛围，而且可以使学生感受到集体的温暖和老师的关心。和谐关系的建立，不仅需要教师自身观念的更新和素质的提高，还需要学生对老师的尊重和理解。两者相互影响，才能建立良好的师生关系。

（1）摆脱传统观念。

师生关系不同于一般的社会关系。在过去，教师一直处于"传道、授业、解惑"的主体地位，主宰着一切，是学术的象征和权威，学生只能被动地接受知识，因而传统的师生关系必然体现着"师道尊严"。但随着市场经济时代、知识经济时代的到来，对个性发展的要求日益强烈；随着教育途径的不断拓宽，教育方法、教育管理和教育手段已逐步现代化、科学化，以教师为主体的活动舞台已逐渐被学生占领。因此，原来那些旧的师生关系势必遭受到强烈的冲击甚至瓦解。

（2）了解学生内心。

现在，大多数学生都是独生子女，备受父母的疼爱，部分学生从小就养成了许多不良习惯。面对这样的学生，老师应及时有效地采取行之有效的办法引导，对其晓之以理，动之以情，用心与他们相交，真正从内心深处与他们交流、沟通，用自己的行动感化他们，做他们的良师益友。

（3）合理解决问题。

在教学活动中，师生之间难免会产生矛盾摩擦，如果老师一味"以管代教"，奉行"严师出高徒"，不仅得不到学生的理解和支持，拉大了师生间的距离，还会造成学生的封闭心理或逆反心理。要在平等的情况下，面对面解决矛盾和问题，不使之成为影响师生关系的隐患。

2. 学生正确处理好师生关系的原则和方法

学生正确处理好师生关系的原则：

（1）平等。和老师交往的时候，重要的是心态上要平等。平等意味着两个层面，一方面你完全没有必要去畏惧自己的老师，另一方面你也不能轻视老师付出的劳动。

（2）尊敬。古时候讲，"一日为师，终身为父"。之所以我们必须尊敬老师，一方面是由于他所从事的这种职业的高尚性；另一方面，尊敬他人、尊敬长辈是我们的传统美德，也是一个人在心智上走向成熟的标志之一，是一种道德品质。

（3）理解。老师也会犯错误，在课堂上讲错了题，批评过于严厉，对学生有偏心等等。这些都是一个普通的教师很容易出现的错误。当老师犯错误时，你最好换个角度看问题，站在老师的立场上去想一想。这样，你就能理解老师的许多做法，原谅他所犯的错误。再或者你也可以去找老师谈心，和他交流一下你的想法，听听他怎么说。当然，也有一些极个别的老师出现的错误是原则性的，甚至已经触犯了法律，这时你就应该向其他老师、学校领导或者是家长寻求保护。

学生正确处理好师生关系的方法：

师生之间，误会肯定会有。老师错怪了学生，极易引起学生对教师的反感。如果学生这种反感的情绪不加克制，则会导致师生之间的冲突，使师生关系恶化。当一个学生面对这种情况时，怎样处理才算得当，以下是几点建议：

（1）冷静。当老师错怪自己后，一定要冷静、要克制，根据当时的环境和条件，可以解释的则进行解释，一时不便于解释的可暂时放下，留待以后找机会再解释，这样可防止形势进一步恶化。

（2）解释。老师批评你其实出于误会，一旦误解消除，问题就会得到解决。你可以在课后或其他你能够与老师独处的时候，向老师做解释，你的态度要诚恳；如果这件事你觉得不方便自己来解释，也可以请同学或班干部代自己向老师解释，以消除老师在一时一事认识上的偏差。

（3）体谅。当老师错怪自己时，一定要懂得谅解他。因为老师每天面对的是几十个学生，繁重工作难免会使人心烦意乱，有时会有不冷静的情况。尤其老师错怪仅仅是出于误会，完全没有恶意。

（4）忘记。如果是因为一些小事老师错怪了你，并且老师并没有因此而对你产生不良的印象，那么这种小事不如就让它过去吧。这样的遗忘对于你的心理健康也有很好的帮助，即便是一些很严重的事情在你向老师澄清之后，也不必始终耿耿于怀，随着时间流逝，任何事情都会烟消云散。

## 第三节　恋爱安全

爱情是个古老而又永恒的话题，尤其是年轻时期的爱情，更是充满了浪漫和幻想，最具代表性的就是大学生恋爱。目前大学生恋爱已经是一件司空见惯的事情，并且大学生处于特定的年龄阶段，有恋爱的需要。尝试与异性建立恋爱关系是很正常的，然而目前大部分大学对恋爱和性的教育非常匮乏，由此导致的管理问题和心理障碍也越来越突出。

对于大学生而言，适当的爱情可以促进双方的学业，但不要过度沉溺在爱情的河流之中，不要在热恋中迷失了前进方向。毕竟大学时期是大学生学习专业技能的黄金时期，是决定大学生未来方向的关键阶段，不能为了一时快乐而把一生的幸福都抛弃了。

**常见案例**

### <<<<<案例6-6："情敌"故意伤害案 …………………………………………

王某和周某分别是两所大学的在校学生，并且都与一名女生小宁有过恋爱关系，周某是小宁的现任男友。小宁与王某是初中同学，跟周某是小学同学。2010年3月26日，王某给小宁打电话，恰巧周某正和小宁在一起，周某一看是王某打来的电话，就把小宁的电话夺了下来，告诉王某不要再给小宁打电话了。于是，两人在电话里争吵并骂了起来，并约好在校外某商店门口见面。

下午5点，周某和王某分别带了几个朋友在约好的地点见面。周某说附近人太多，还有警察，不适合"解决"问题。于是，他们来到附近公园的一条小路。他们各自带来的朋友站在不远处。据王某介绍，周某故意用胸膛顶了他一下，他一怒之下，掏出藏在裤子口袋中的水果刀，一下子捅在周某左侧腰部。两人撕扯到一起，王某又先后用刀子刺向周某肩部和臀部，之后又将其推倒在地，踹了一脚，并大喊了一句"老子捅的人比你的手指头都多"，想用狠话吓唬吓唬周某，防止他以后再来找麻烦。周某的朋友看到周某被对方用刀捅伤后想上去帮忙，被王某的朋友拦住。随后，他们打电话报警。经法医鉴定，周某脾脏破裂，属于重伤。王某由于害怕，和朋友一起去派出所自首。公安机关以涉嫌故意伤害罪将王某刑拘。

#### ◁◁◁◁◁案例 6-7：恋爱纠纷故意伤害致人死亡案 ………………………

2016 年 4 月 30 日 10 时 20 分许，上海某高校图书馆四楼一名女子被捅伤。民警接警后至现场处置，经了解，该校研二学生徐某因恋爱纠纷对被害人周某行凶，用氢氟酸泼洒周某头面部、躯干、手臂等处，用尖刀戳刺其胸腹部、背部等处，致周某经送医院抢救无效于当日 16 时许死亡。

#### 案例点评

爱情是美好的，但是前提是双方应正视爱情，这也是当代大学生所缺乏的。如今的部分大学生恋爱中经不得一点风雨，稍有不和便闹分手，轻则语言相逼、拳脚相向，重则身体受伤、抛弃生命。这是极其不成熟和不理性的表现，一定要引起大学生和学校的重视。

#### 知识链接

1. 恋爱

爱情是人与人之间强烈的依恋、亲近、向往，是无私专一并且无所不尽其心的情感。爱情是人性的组成部分，狭义的爱情指情侣之间的爱，广义的爱情还包括朋友之间的爱情和亲人之间的爱情。

2. 爱情观

爱情观是人们对爱情的根本看法和态度，它的内容主要包括：什么是爱情、爱情的本质，以及爱情在社会生活和个人生活中的位置、择偶标准、如何对待失恋等。爱情观是人生观的反映。爱情观在不同的历史时期，由于受不同的经济条件、社会制度及思想文化的影响和制约，有着不同的内容，并且随着社会发展而不断发展和变化。

3. 大学生常见恋爱类型

（1）比翼双飞型。这类学生基本上具备成熟的人格，有正确的恋爱观，能够以理性引导爱情，正确处理恋爱与学习、感情与爱情、情爱与性爱的关系。双方有较强的事业心、进取心和自控能力，有共同的理想抱负、价值观念，把事业的成功作为爱情持久的目标，不仅仅把恋爱看作人生的快乐，而是能把幸福的爱情转化为学习和工作的动力。他们认为，恋爱不仅应该促使双方进步，而且应该促进双方成长。

（2）生活实惠型。进入大学后，毕业去向是大学生最为关注的主题。恋爱无可非议地揉进了毕业动向的条件，同时家庭条件和对方的发展前途也是各自关注的重点。一些大学生彼此间的爱慕与向往也许并不强烈，但是有确定的生活目标。大三是这类学生谈恋爱的高峰期。他们认为这时处朋友、谈恋爱，相互了解，信任度高。这种爱情是理智的、现实的，确定恋爱关系后引起的争议也比较少。

（3）时尚攀比型。在一些大学校园，恋爱成为一种时尚。当周边的同学有了异性朋友时，一些男同学为了不使自己显得无能，一些女同学为了证明自己的魅力，也学别人的样子匆匆谈起了"恋爱"。由于目的性不强，缺乏认真的态度，常常是跟着感觉走，把谈恋爱看作是一种精神上的补偿，常以"因为没想那么多"为借口而各奔东西。这种恋爱带有很大的随意性。

（4）玩伴消费型。这类学生在精神上不太充实，同性朋友较少，时常感到孤独、烦闷。为了弥补精神上的空虚，急欲与异性朋友交往，"恋爱"成为一种近景性的精神需求。

（5）追求浪漫型。这类学生情感比较丰富，罗曼蒂克的爱情对他们有着强烈的吸引力，对爱情浪漫色彩的追逐和窥探心理强烈。他们并非不尊重爱情，而是觉得出没于花前月下的刺激比爱情的责任和义务更富有色彩和韵味。

（6）功利世俗型。以对方的门第、家产、地位、名誉、处所、职业、社交能力、驯服度等为恋爱的前提条件。

4. 大学生恋爱特点

（1）不求天长地久，但求曾经拥有。大学生恋爱轻率化现象严重，大部分不太注重恋爱的结果，却非常强调恋爱时的感觉，看重恋爱的过程。

（2）主观学业第一，客观爱情至上。从理性上都知道学业是第一位的，感情是第二位的。但在实际行动中，一些大学生用于恋爱的时间远远多于花在学业上的时间。由于大量的时间沉溺于花前月下，学习成绩一落千丈。

（3）强调爱的权利，缺乏爱的能力。大学生中的恋爱大都是激情碰撞下的初恋，在激情平息之后，却不懂得如何培养爱情，在爱与被爱的磨合期显得笨手笨脚，往往造成对彼此的伤害，轻易地恋爱，轻易地分手，只强调爱的体验，却负不起爱的责任。

## 预防与处理

大学生的恋爱观应该是理想、道德、事业和性爱的有机结合。那么大学生应该有怎样的恋爱观？

1. 要正确对待恋爱

正确处理好恋爱、学业、事业三者之间的关系。恋爱是人生中的一件大事，但并不是人生的全部。大学生应该以学业为重，因为学习是大学生的主要目的。事业高于爱情，应以事业为主，不宜过早恋爱，但也不要认为爱情是事业的绊脚石，如果处理得好，爱情对事业也能起到催化作用。

2. 要培养爱的能力

（1）迎接爱的能力。如果一个人心中有了爱就要敢于用正确的方式表达；如果面对别人的示爱能够取舍，并及时做出接受或拒绝的选择，则能够承受求爱拒绝或拒绝求爱的心理困扰。

（2）拒绝爱的能力。对于自己不愿意接受或认为不值得接受的爱情应有勇气拒绝。拒绝时应注意两点：一是如果不希望爱情到来，拒绝的语气要果断坚决，容不得半点优柔寡断，否则将给对方造成更大的伤害。二是要掌握恰当的方式，要掌握说话的方式和度。虽然每个人都有拒绝爱的权利，但是也要做到对他人的尊重。

3. 要正确处理恋爱挫折

（1）正视现实。失恋之苦在于一个"恋"字，爱情是相互的，以双方的爱情为基础，失去任何一方，爱情就会失去平衡，恋爱即告终止。这时失恋的一方无论对另一方爱得有多深，都是不现实的，大学生应理智地正视这一现实。

（2）换位思考。要设身处地地为对方着想。这样做有助于理解对方终止爱情的原因，有助于接受失恋这一痛苦的现实并及早走出失恋的阴影。

（3）感情宣泄。不要过分地隐藏或压抑失恋带来的痛苦，要找适当的方式进行宣泄。

（4）情境转移。失恋后之所以难以摆脱恋情的困扰，就在于生活的方方面面都与昔日的恋人有着千丝万缕的联系，所以要想摆脱失恋的痛苦，可以换一个崭新的环境，暂时离开曾经熟悉的环境。

（5）升华。要尽快把失恋升华为一种奋发向上的动力，尽快投入到学习或者工作中去。切不可因为失恋而一蹶不振，认为生活、人生都失去了意义。

4. 端正恋爱动机

恋爱动机，直接关系着恋爱的成功与否。恋爱是寻找志同道合以求白头偕老的终身伴侣，而不是为了排除郁闷，寻找刺激，更不是为了性的满足。

## 第四节　交友安全

子曰："与善人居，如入芝兰之室，久而不闻其香，即与之化矣；与不善人居，如入鲍鱼之肆，久而不闻其臭，亦与之化矣。"人的一生中知心朋友是必不可少的，特别是大学生，所谓"近朱者赤，近墨者黑"，与什么样的朋友交往将会影响人的一生。对于大学生来说，人际交往不能小视，交友必须慎之又慎，一定要培养自己的人际交往能力，谨慎交友，恰当地处理人际关系，避免受损友影响，走上犯罪道路。

## 常见案例

### <<<<<案例6-8：大学生交友不慎沾染毒品案 …………………………

18岁女孩周某是某大学的三年级学生，原本品学兼优的她却因交友不慎而误入歧途。据了解，周某去兰州旅游，在某娱乐城玩乐时，认识了吸毒人员并开始吸食毒品，后因经济困难，走上了贩卖毒品的违法犯罪道路。2012年4月20日晚上11时30分，在某酒店附近，周某以每克700元的价格与丁某进行冰毒交易时，被警方当场抓获。由于交友不慎，周某走上了犯罪的道路，等待她的将是漫长牢狱生涯。

### <<<<<案例6-9：待业毕业生抢劫案 …………………………………

陈某是一名刚从某大学毕业的学生。其在家待业期间，整天游手好闲，经常到网吧上网打游戏，还认识了梁某等四名同乡，从此便与他们在社会上游荡。由于五人没有经济收入，遂萌生了"抢劫来钱快"的邪念。由于本地熟人较多，他们经过密谋，决定到周边的城市作案。从2010年10月份开始，他们先后在周边城市广场、公园等僻静地方针对谈恋爱的情侣实施抢劫，并屡次得手，先后抢得2万余元挥霍一空。不久，陈某等人在抢劫时被警方抓获。

## 案例点评

作为国家未来栋梁和建设者的大学生，本应是满怀激情和梦想的一代人，但是从案例中我们看到的却是大学生的悲剧。因为交友不慎而走上违法犯罪道路的大学生们着实让人惋惜，由此可见大学生交友的重要性。

## 知识链接

1. 人际交往

人际交往也称人际沟通，指个体通过一定的语言、文字、表情或肢体动作等表达手段将某种信息传递给其他个体的过程。人际交往的基本原则是人际交往总是以双方的成本价值为基础，实现等价交换。

2. 人际交往的重要性

（1）人际交往促进自我认识深化。在人与人的交往活动中，有时双方的评价会有一定的差距，不少人会因此而产生烦恼。这就要求我们要善于调节两方面的评价，全面提高自己的综合素质。正确的自我认识有助于大学生找到自己的社会位置，扮演好自己的社会角色。

（2）人际交往促进社会化进程。人际交往是社会发展的必然产物，也是社会发展的基本前提。没有人际交往过程中所形成的各种各样的网络关系以及人们所担当的各种社会角色，社会就不成其为社会，发展也无从谈起。

（3）人际交往是实现人生价值的桥梁。人生的意义在于奉献，人际交往是实现奉献的桥梁。通过良好的人际交往，大学生可以掌握更多的社会信息。

3. 大学生交友的特点

（1）迫切性。随着知识的增长，大学生的心理逐步成熟，成人感也日益增强，加之进入了一个全新的人际环境，他们迫切希望他人了解自己，渴望得到他人的尊重和承认，也急于了解他人和社会。

（2）平等性。大学生的交往对象主要是同龄人，人际关系主要是同学关系，是一种横向的关系，个人阅历和思想观念大致相同，比较容易产生平等心理和意识。

（3）理想性。有的大学生心理尚未发育成熟，在交往的过程中，往往是先在自己的头脑中塑造好一个"模型"，然后根据"模型"到现实中寻找知己，因此大学生对人际交往总充满了理想色彩。

（4）易变性。大学生情绪不稳定，做事容易冲动，加之生活的领域不断扩宽，因而在选择交往对象上也表现出明显的易变性。

（5）异性交往的敏感性。大学生在生理上正处于青春期，由于性的成熟，很自然地在心理上产生对异性的渴望与兴趣。

3. 大学生交友的误区

在校大学生因各方面的成长及情感的发育处于非常活跃和旺盛的阶段，交友的数量和质量直接影响到青年学生的心理健康和人格发展，在交友过程中常常有以下几个误区。

（1）功利性太强。

俗语说："多个朋友多条路，朋友多了路好走。"但如果是带着一种利用的心态去交友，对自己有利用价值的就打得火热，无用时就"过河拆桥"，如此势利小人必然被人厌弃，更不可能交到知心朋友。

（2）自我中心意识突出。

这是大学生普遍存在的一种心态，尤其是独生子女。他们在成长过程中处于家庭中心地位，并且在中学时因学业相对优秀而充满优越感，因此形成了一种以自我为中心的心理。殊不知友谊是一朵花，需要双方的精心呵护与浇灌。如果不肯考虑对方的需要，不能迁就和容忍对方的不足，就难以有持久的交往。

（3）朋友的异质性较差。

异质性指交往对象的性别、职业、社会层次、地域、性格、文化程度、道德素质等的差别。与异质性朋友交往有利于感受不同社会主体的生存状态，获取更多的信息，更有利于通过对不同人的了解而更全面、更客观地认识世界。如果大学生活仅仅限于同班、同寝室、沙龙、协会等群体中，朋友之间的相同点多、互补性差，那么会使得交往内容单调、范围狭窄，不利于素质的全面提高。

（4）怀念旧友，不交新友。

有首歌中唱道，"结识新朋友，不忘老朋友。"而在大学校园中，不交新朋友的现象十分普遍，主要表现在低年级大学生中。他们在过去的生活中，曾经有过少数挚友，加上对新的环境适应较慢，一旦遇到不顺心的事就想"要是某某在身边该多好"，而无视身边新同学、老师们的帮助。

（5）以网友代替生活中的朋友。

大学生当中有一部分性格内向、敏感、抑郁、缺乏社交能力的人。这类学生一般带有轻度的社交恐惧感，长期压抑着对友情的渴望，但是在网络就变得异常兴奋。

## 预防与处理

交友是一门复杂的艺术。要想结交到情趣相投的知心朋友，仅有交往的艺术和技巧是不行的，重要的是提高个人素质，培养健康的交友心态，提高对交友的认识，而且要大胆实践，善于总结交友中的经验。

1. 信任

古语有云："信人者，人恒信之。"这说明要想处理好朋友之间的关系，获得朋友的信任就要相信朋友，真正做到以"诚"为本，这是和朋友相处的根本。

2. 大度

做人要大度，特别是在和朋友相处时一定要做到大度。正所谓，人非圣贤，孰能无过乎。朋友也是人，也会犯错误，我们不能总是抓住朋友的错误和缺点不放，要真正做到严于律己、宽以待人，才能和朋友相处得好，才能交到真正的好朋友。

3. 患难之中才能见真情

朋友之间的友谊不是靠甜言蜜语来维系的，真正的友谊经得起时间和环境的考验，平时只有肉麻的吹捧，大难临头各自飞的友谊终将会遭到人们的唾弃。只有在关键时刻能够给我们切实支持的人才是真正的朋友，在关键的时候把你推向火坑的人是假朋友、真小人，能够劝你悬崖勒马的人才是真朋友、真君子。

4. 远离物质性友谊

友谊是靠感情来维系的，而不是靠金钱、礼物来维持。正所谓，千里送鹅毛，礼轻情义重。能在你开心的时候给你送来一句简单的祝福，在你烦恼的时候给你一句淡淡的问候，这样的朋友才是可以交心的好友。

# 第七章 心理安全

！

　　社会竞争的加剧、生活节奏的加快、多元文化及价值冲突的加深，以及大学生就业形势的不容乐观，导致大学生心理问题越来越严重，并引发了一系列安全问题。大学生应从安全的角度认识心理健康，学会心理调适，以最佳的状态对待人生和世界，提高心理健康水平，达到预防心理障碍和疾病的目的。

## 第一节 大学生心理健康

　　大学生正值青年时期，人生观和世界观尚未成熟，心理、情绪波动较大，面对生活、环境、人生、理想、现实中的问题，有些学生因为苦无良策或处理不当而陷入痛苦、焦虑、失望和困惑之中，有的甚至表现出激烈或异常的行为。如果处理不当，将对大学生的心理健康造成不良的后果。

**常见案例**

<<<<<案例 7-1：研究生抑郁跳楼案 ·····························

　　2013 年 11 月 6 日上午 11 时 42 分许，某高校 2012 级研究生李某因重度抑郁，跳楼自杀。经办案民警现场走访、勘察，询问死者同学、女友等相关证人，调取死者生前手机通话记录、QQ 聊天记录等大量信息后，将李某某死亡定性为因学习压力大、心理调解力差导致的自杀。

<<<<<案例 7-2：大学生抑郁上吊案 ……………………………………

2011 年 4 月 28 日 17 时 45 分，某高校 2007 级女学生李某在学生宿舍楼浴室内，上吊自杀。据悉，李某因感情、学业等问题，患上了忧郁症。曾休学回家治疗，未治愈，因毕业返校，病情加重后导致自杀。

<<<<<案例 7-3：大学生抑郁跳楼案 ……………………………………

2015 年 3 月 3 日上午 10 时 42 分许，某高校大四学生周某从校内某高楼跳楼身亡。周某因长期心理抑郁，性格内向孤僻，沉默寡言，很少与人沟通交流。周某于 2015 年大年初一就从家里来到学校，其间没有和家里任何人有过联系，在留下"我是懒死的，生活总要走路，不是凭兴趣就能活的"等文字后，于学校开学前的第 6 天选择以跳楼这种极端方式离开人世。

**案例点评**

大学生是一个特殊群体，一方面，他们具有一般个体青春期的心理特征，内心动摇大，情绪的紧张程度较高，很小的刺激也容易引起强烈的情绪反应。另一方面，青春期自身生理和心理相对不成熟，加之大学生具有比一般个体青春期更复杂的内心世界，他们的自我意识强烈，富有理想和抱负，期望值较高。面对来自家庭、学习、就业、情感、社会环境等各方面的压力时，更容易产生心理上的反差，导致各种心理挫折，进而产生厌世心理，患上各类精神疾病。

**知识链接**

1. 心理健康

从广义上讲，心理健康是指一种持续的高效而满意的心理状态。从狭义上讲，心理健康是指人的基本心理活动的过程内容完整、协调一致，即认识、情感、意志、行为、人格完整和协调，能适应社会，与社会保持同步。

2. 心理健康的特点

了解心理健康的特点有助于对其定义的理解。

（1）标准的相对性。大学生心理健康与不健康并无明显界限，而是一个连续化的过程。因此，对多数大学生而言，在人生的发展过程中面临心理问题是正常的，不必大惊小怪，应积极加以矫正。

（2）整体协调性。从心理过程看，健康人的心理活动是一个完整统一的整体，这种整体协调保证了个体在反映客观世界的过程中高度的准确性和有效性。

（3）发展性。不健康的心理可能是人在发展中不可避免的问题，随着个体的心理成长而逐渐调整，并趋于健康。

3. 心理健康的标准

心理学家将大学生心理健康的标准描述为以下几点：

（1）有适度的安全感，有自尊心，对自我的成就有价值感。

（2）适度地自我批评，不过分夸耀自己，也不过分苛责自己。

（3）在日常生活中，具有适度的主动性，不为环境所左右。

（4）理智、现实、客观，与现实有良好的接触，能经受生活中挫折的打击，无过度的幻想。

（5）适度地接受个人的需要，并具有满足此种需要的能力。

（6）有自知之明，了解自己的动机和目的，能对自己的能力作客观的估计。

（7）能保持人格的完整与和谐，个人的价值观能适应社会的标准，对自己的工作能集中注意力。

（8）有切合实际的生活目标。

（9）具有从经验中学习的能力，能适应环境的需要并改变自己。

（10）有良好的人际关系，有爱他人的能力和被爱的能力。

## 预防与处理

大学生要想保持心理健康，须做到以下几点：

（1）保持理想目标。有一个明确的理想和切实可行的奋斗目标是保持良好心态的重要前提。有抑郁或焦虑心理的学生，往往缺乏理想和目标，看不到生活的前景，或是理想和目标过高，难以达到自己的期望，从而产生不良心理。

（2）拥有自我意识。自知、自爱、自尊、自信、自强、自制是具有良好的自我意识的标志。能够清醒地认识自己，给自己进行合理的定位，是自知；具有爱惜自己、保护自己、珍惜自己的品德，是自爱；遇事不退缩畏惧，不妄自菲薄，是自尊；有强烈的自信心，有积极的进取精神，是自信；凡事要么不做，做就力求最好，是自强；善于控制自己的情绪，能够抵御各种不良的诱惑，独立自主地决定自己的事情，是自制。

（3）积极参加心理健康教育活动。通过多种辅导形式，提高独立生活及社会环境适应、工作关系处理、人际交往适应、恋爱问题处理等多方面的能力，丰富自身的心理学知识，增强心理保健意识，端正对心理咨询和心理干预的看法，必要时主动寻求帮助，缓解负面情绪，避免因心理问题加重而导致心理危机，解决在学习、工作、生活、疾病、康复等方面出现的心理问题。

（4）发展兴趣爱好。广泛的兴趣和爱好是健康心理的"减压阀"。有了广泛的兴趣和爱好，就会更多地接触社会、接触他人，提高自己的社会适应能力和人际交往能力，就会经常参加各种活动，有更多的收获和成就感，从而树立起良好的自信心。

（5）开展自我心理素质训练，提升心理调适能力。通过各种途径锻炼意志，训练心理素质，以保持心理健康。

（6）积极参加校园文化活动，改善社会心理环境。参加丰富多彩的校园文化生活，满足精神和心理方面的需求，既可展现自我的天赋和才华、释放内心的激情、增强竞争意识，也可以从中获取自信心。

（7）搞好人际关系。在社会生活中，良好的人际关系有利于使人消除孤独感、获得安全感。因此，要教育学生善意地和他人相处，多一些真诚的赞美和鼓励，不要轻易怀疑他人，甚至轻视、厌恶他人；要尊重他人、信任他人，注意倾听对方的谈话，不把自己的意志和见解强加于他人，既乐于助人，也坦然接受别人的情感和帮助。

## 第二节　大学生常见心理问题

大学生的心理健康问题，不仅关系到大学生的个人成长，还关系到整个社会和民族的未来和发展。因此，重视大学生的心理发展历程，了解大学生的心理状态，发现大学生的心理疾病，从而正确引导大学生排除心理障碍、消除心理阴影、预防心理健康疾病是目前大学教育的首要任务。但是，大学生的心理问题复杂、多变，具有独特性，其引发原因多种多样，在具体处理过程中应全面细致地分析其诱因，以便对症下药，迅速有效地解决问题。

### 常见案例

#### <<<<<案例7-4：恋爱受挫心理失落案

小莉是某大学一年级的新生，从小性格内向，在大人眼中一直是个好孩子，没有发生过让父母担心的事情。由于父母关爱有加，因此小莉从小到大生活一帆风顺。在学校生活了三个月后，初中时期的男朋友突然提出分手，小莉感觉天要塌下来了，情绪日渐低落。遇到别人谈论恋爱的问题时，特别敏感，甚至看到同学谈恋爱就感到受不了。虽然还能坚持学习，但积极主动性大大降低，对生活的兴趣也大不如前。

#### <<<<<案例7-5：好学生患强迫症案

19岁的王某是一名大学二年级学生，从小循规蹈矩，受父亲"传统教育"影响较深，要求自己当一个好孩子，凡事都严格要求自己。从去年开始，王某性格有所波动，每次洗手时都要反复清洗数十遍，害怕感染细菌；晚上入睡前还要下床反复检查煤气阀和自来水阀是否关闭，害怕煤气中毒。他知道自己的担心有些过分，但就是放不下心。平时，王某不愿意和同学面对面说话，觉得对方的唾沫会溅到自己脸上，并且觉得要反复洗澡才能洗干净，否则就感到心慌气短、焦虑不安。为此他十分苦恼，不得不暂时休学。

## 案例点评

案例7-4中的小莉是因为爱情及家庭原因而出现了严重的心理问题，需要家长和学校辅导员进行心理辅导，并及时送医就诊；案例7-5中的王某是典型的强迫症患者，外在表现就是不可控制地反复出现某种观念、动作或意向，伴有焦虑和痛苦的情绪体验，应以缓解心理压力为主，可继续进行正常的生活学习。

## 知识链接

1. 心理问题

心理问题也称心理失衡，是正常心理活动中的局部异常状态，不存在心理状态的病理性变化，具有明显的偶发性和暂时性，常与一定的情境相联系，常由一定的情景诱发。一旦脱离该情景，个体的心理活动则完全正常。

2. 心理问题的类别

根据对心理健康的定义，按照程度的不同，可以将个体心理问题划分为三种类型：发展性心理问题、适应性心理问题与障碍性心理问题。

（1）发展性心理问题。所谓发展性心理问题，主要是指个体自身不能树立正确的自我认知，特别是对自我能力、自我素质方面的认知，其心理素质及心理潜能没有得到有效、全面的发展。其主要特点表现为自负或缺乏自信、志向愿望过高或偏低、责任目标缺失等方面。

（2）适应性心理问题。适应是个体通过不断做出身心调整，在现实生活环境中维持一种良好、有效的生存状态的过程。而适应性心理问题则是个人与环境不能取得协调一致而产生的心理困扰。

（3）障碍性心理问题。障碍性心理问题有时候也称为"心理障碍""心理疾病"。其具体特征包括三点：一是个体持久地感受到痛苦（一般以六个月为界限）；二是社会功能受损，表现为人际关系糟糕，容易产生对抗甚至敌对行为；三是表现出非当地文化类型的特殊行为。

3. 大学生产生心理问题的原因

大学生容易产生心理问题的原因是复杂多样的，既有主观上的生理、心理因素，也有客观上的家庭、学校及社会环境等因素。

（1）客观原因。

①应试教育与独生子女政策。目前，学校仅仅重视高考科目知识的传授，而忽视了学生素质的培养和提高，加之独生子女的依赖性强和自理能力差，这就导致部分大学生进入大学以后，无所适从，难以应付。

②社会竞争的压力。目前，就业竞争日益加剧，大学生面临的社会环境更加复杂、多样，这也对大学生造成了相当大的心理压力。

③社会上不良风气及各种有害思想的影响。社会上的各种信息通过种种媒介进入校园，良莠难辨。一些学生由于分辨是非的能力较低，在接受一些有益信息的同时，也不可避免地接受了一些消极信息。

④思想政治教育不得力，学校缺乏心理健康教育。学校的思想教育基本上停留在标语、口号式的宏观层次上，缺乏细致和深入的工作。

（2）主观原因。

①目前，我国大学生入学年龄一般为 18 岁左右，经过 4 年的大学学习，毕业时 20 岁左右，这一时期正是青春后期与成人初期阶段。在这个阶段大学生普遍心理发展不够成熟，他们富有理想和幻想，对未来充满憧憬。但是在实现理想的过程中，他们对学习、工作、生活的条件和环境及人际关系常常提出过高的要求，忽略客观条件的限制，期望一切都是现成的和顺利的，一旦在现实中遇到挫折便大失所望。

②大学生的自我意识不健全，常出现认知偏差，这也是容易产生心理困扰的主要原因，例如不能客观地认识自我、对自我评价过高或过低、不能准确地自我定位、不能独立地整合各方面的信息等。

③应对策略与应对能力欠缺。这种策略和能力方面的限制使他们不能有效地处理各种生活事件，不能积极地面对各种压力，不能很快地恢复心理平衡，而是经常处于一种紧张的应激状态。长此以往，很容易出现心理障碍。

## 预防与处理

根据调查，目前我国大学中 25％～30％ 的大学生存在一定的心理问题，其中较为常见的有 4 种，具体种类及预防处理建议如下：

1. 自卑心理

自卑是由于对自己的能力和品格缺乏自信而产生的情绪体验。在心理学上，自卑属于主体反常的自我意识，是人的性格的一种缺陷。

（1）外在表现。具有自卑心理的大学生往往缺乏主动性、积极性、自觉性，经常采取逃避、躲闪态度。自卑心理强的大学生，在与他人交往和相处时总是感到有一种无形的压抑，或自我评价偏低，或怀疑他人小瞧自己，认为自己各方面都不如别人。

（2）自我调适。一是要正确地认识和接纳自己；二是不要与他人比较；三是要量力而行，循序渐进，积极进行交往实践锻炼。

2. 羞怯心理

羞怯属于封闭性个性表现，也是常见交往心理障碍中的一种。这种心理障碍将会使人不自觉地与社会、群体隔离。

（1）外在表现。人际交往中的羞怯心理表现在两个方面：一是害羞，二是胆怯。两者有联系，也有区别。胆怯必定害羞，害羞加剧胆怯，所以人们常把害羞与胆怯统称为害羞。

（2）自我调适。一是要增强自信心，努力改造个性中的消极因素；二是走自己的路，不要过分计较别人的评价；三是鼓起勇气，争取更多的锻炼机会；四是提前做好准备，要打有把握之仗。

3. 猜疑心理

猜疑是由于心理失调而引起的心理变态，是一种不符合事实的主观想象。猜疑的实质在于猜疑者对自己不自信、对友谊不忠诚和对他人不信任。

（1）外在表现。有猜疑心理的人在思维上经常进行毫无事实根据和缺乏合理逻辑的判断推理，往往是捕风捉影、牵强附会和无中生有；在情感上表现为高度的敏感和不安，闷闷不乐，郁郁寡欢，总怀疑某人某事在威胁自己而有巨大的心理压力；在人际关系中常常无端地怀疑别人会损害自己的名誉、地位、声望，把别人的一举一动都与自己联系起来，把别人看成是自己的障碍。

（2）自我调适。一是宽人律己；二是加强修养；三是强化事业心。

4. 嫉妒心理

嫉妒是一种心理缺陷，它是对优越于自己的人所产生的抱怨、憎恨等不健康的情感和行为，是一种常见的影响大学生正常人际交往的心理障碍。

（1）外在表现。嫉妒是把别人的进步当作对自己的威胁，把别人的成功当作自己的痛苦。可以说，嫉妒的思想实质是以自我为中心的极端个人主义在作祟，是狭隘自私的表现。

（2）自我调适。一是要认清嫉妒的危害；二是驱除极端利己主义思想；三是要正确地认识自己；四是要学会运用"心理位置互换"的方法。

# 第三节 大学生心理咨询与求助

随着社会的转型，大学生心理危机频频发生。作为一名大学生，当心理危机来临时，要学会通过心理咨询及时寻求帮助，从而走出心理危机，摆脱心理问题。

## 常见案例

### <<<<<案例7-6：抑郁女大学生健康转变案

某大学二年级女学生李某，性格单纯内向，小时候被寄养在外婆家，6岁后才回家和父母一起生活。她和母亲的关系不好，原因是母亲的教育方式简单粗暴。这种对母亲的讨厌进而发展为和同学的关系紧张，不愿意与同学交往，同时感觉自己很孤独，情绪上感觉抑郁。生活和学习不堪其扰的她找到了学校的心理辅导老师寻求帮助。心理老师首先向她分析了心理问题产生的原因，同时给她做了一些新的人际交往方式训练。经过两个月的心理辅导，李某心理症状基本消失，人际交往能力大为改善，情绪压抑现象也基本消失，学习有了很大的进步。

### <<<<<案例7-7：自卑女孩蜕变记

某高校新生报到，在新生普查时发现一名女生分数异常，因其家庭穷困，女生个性敏感，在与同学交往过程中，总觉得室友歧视她、欺负她，自卑，人际障碍表现突出。学校心理老师通过心理咨询，帮助其调整认知，采用合理情绪疗法，加强自信训练，大一时一月前来二次咨询，进入大二后，女生有了显著变化，人际关系得到改善，自信度有了明显提升，还当上学生干部。

## 案例点评

大学生由于心智尚未成熟，非常容易因为各种原因造成心理障碍，再加上自尊心理，不愿对别人吐露心声，往往把心事压在心底，久而久之必定影响自身的心理健康。因此，需要学校心理辅导机构引导和教育，时刻关注学生的思维走向，帮助学生们脱离心理困境。

## 知识链接

1. 心理咨询

心理咨询是指运用心理学知识，对心理适应方面出现问题并企求解决问题的求询者提供心理援助的过程。需要解决问题并前来寻求帮助的人称为来访者或咨客，提供帮助的咨询专家称为咨询者。

咨询过程为：来访者就自身存在的心理不适或心理障碍，通过语言文字等交流媒介向咨询者进行述说、询问与商讨；在其支持和帮助下，经过共同讨论找出引起心理问题的原因，分析问题的症结，进而寻求摆脱困境、解决问题的条件和对策，以恢复心理平衡、提高对环境的适应能力、增进身心健康。

2. 心理求助

心理求助的含义也称作寻求他人帮助，是指人们为了缓解心理压力、消除心理困扰或不适而寻求外界帮助的行为。实践证明，大学生解决心理困扰与心理危机都离不开自身的主动参与，而心理求助则是一种最佳的选择，也是一种行之有效的办法。

3. 心理咨询的原则

大学心理辅导老师在接受大学生心理咨询及求助时，应当坚持以下基本原则：

（1）保密原则。

咨询师应保守来访者的秘密，妥善保管个人信息、来往信件、测试资料等材料。如因工作需要而不得不引用咨询事例时，也须对材料进行适当处理，不得公开来访者的真实姓名、单位和住址。

（2）来访者自愿的原则。

到心理咨询室求询的来访者必须是完全自愿的，这是确立咨访关系的先决条件。没有咨询愿望和要求的并不适合为其进行心理咨询。只有自己感到心理不适，为此而烦恼，并愿意找咨询师诉说烦恼的人，才是进行心理咨询的最佳人选。

（3）理解与支持原则。

咨询师对来访者的语言、行动和情绪等要充分理解，不得以道德和个人价值的眼光评判对错，要帮助来访者分析原因并寻找出路。不要惊讶，更不能轻易地批评，要帮助咨客接受一切已经发生的事实，目光向前看。

（4）积极心态培养原则。

咨询师的主要责任是帮助来访者分析问题所在，使来访者建立积极的心态，树立自信心，让来访者的心理得到成长，自己找出解决问题的方法。

（5）时间限定的原则。

心理咨询必须遵守一定的时间限制。咨询时间一般规定为每次 45 分钟左右，原则上不能随意延长咨询时间或间隔。

（6）感情限定的原则。

咨访关系的确立和咨询工作顺利开展的关键，是咨询师和来访者之间心理的沟通和接近。来自来访者的劝诱和要求，即便是好意的，也应该予以拒绝，因为私人间接触过密，容易使来访者了解咨询师的内心世界和私生活。

（7）重大决定延期的原则。

心理咨询期间，由于来访者情绪过于不稳定，容易产生动摇，原则上应规劝其不要轻易做出诸如退学、转学等重大决定。

## 预防与处理

1. 什么情况下需要心理咨询

在大学中，每个人都会遇到问题。如果你自己的生活状态是下面的状况之一，那么你可以考虑进行心理咨询：

（1）在某些时候觉得孤独或者想找人说说话；

（2）在工作、生活、情感等方面压力过大，例如失恋、工作挑战太大、同伴相处不良等，觉得有点胸闷难受、心区疼痛（但到医院检查又查不出身体问题）、焦虑不安、容易发火、忧郁、失眠；

（3）不管什么原因，感觉自己被某种不良心情压抑超过两周时间，且这一情况还在持续；

（4）对于某些特定的物体和行为出现异常反应，例如与人交往困难，怕猫狗，或者在面对一些社会场景，例如广场、商场，或者没有特定对象场景的情况下，会觉得焦虑不安，甚至呼吸困难、心跳加速；

（5）某些行为，例如洗手、关煤气，表现出十次以上的反复，或者对于某一事物的思维反复顽固地出现而无法摆脱，这样的情况已经持续了一段时间；

（6）对一些性问题感到困惑，例如青春期手淫问题、暴露性器官、获取异性衣服等情况；

（7）有物质依赖，例如吸烟、酗酒、上网；

（8）有对于食物的障碍，例如出现暴食然后呕吐、厌食等；

（9）遇到被非礼、人质危机、自然灾害、其他威胁等突发事件之后一个月，还经常被这些事件的记忆干扰生活，甚至会经常做噩梦、哭泣；

（10）因为以上这些原因，正在医院接受药物治疗，但很少获得谈话式的心理咨询；

（11）人际关系一直遭遇有原因或没有原因的挫折，觉得自己的性格有点格格不入，并感到迷惑或痛苦，例如经常严重猜忌别人是否说自己的坏话，或因害怕随时随地会遭受批评而回避与别人交往，或经常和很要好的朋友反目成仇，或经常以自伤和极端事件要挟亲密的人，或觉得自己的情绪经常没有原因地突变而影响了生活。

2. 如何选择合适的心理咨询师

一个优秀的咨询师，不是直接帮你解决具体问题，而是帮助你学会自己解决问题，并且让你最终成为自己的治疗师。助人自助是心理咨询的基本原则，你慢慢会学会发现那些不良的自动化思维，发现那些阻碍你快乐学习、生活的情感模式、行为模式，学会表达内心的各种情绪。

选择合适的咨询师非常重要，就像对信任的医生，人们会更加配合治疗一样。当然，当我们完全向一个陌生人敞开心扉时，难免会有些担心，不知道是否会得到帮助，是否会被对方歧视。所以，你必须认真选择。下面介绍的方法也许会对你有所帮助：

（1）查找资料。

有些大学生做心理咨询，会考虑校外的咨询机构，那么你还必须考虑费用问题。如果你选择在校外做心理咨询，要看某个心理医生时，可以在网上搜索该医生的名字，以了解其相关信息，比如他/她的职业背景，有哪些执业资格，受过何种训练，写过什么东西，咨询经历有多长，等等。如果在校内的心理咨询中心做咨询，可以通过心理咨询中心的宣传材料获得咨询师的信息，也可以从辅导员、做过咨询的同学那里获得有关信息。

（2）注意心理咨询师的口碑。

无论你在何处做咨询，都要关注心理咨询师的口碑。如果可以，最好找到一些曾经向你要找的咨询师做过咨询的人，他们提供的信息会更为准确、到位，对你有一定的借鉴意义。

（3）自己对心理咨询师的感觉。

在做咨询时，你自己的感觉是最真实的。好的心理咨询师会使你感觉到安全、舒适、被爱、被尊重、被接纳与认同，不轻易下结论，而且非常在意你的感觉，总是努力去理解你、贴近你，而不是控制你、评价你、指导你。他听得很多，说话很少，但每句话可能都是一种新视角，给你一种新体验，让你感觉到一片新的天地。因此，在做咨询时，要学会感受自己的体验。

（4）其他。

在你选择心理咨询师时，机构对心理咨询师的介绍、心理咨询师的受教育背景和专业受训背景、专业许可或心理医生执照等方面的信息可以作为参考，但这些信息无法鉴定他的人品和职业素质与职业道德。

在心理咨询过程中，如果心理咨询师与来访者产生情感接触与性接触（如不当的身体接触、性挑逗和要求来访者叙述有关性和身体方面的细节）、与来访者产生生意行为（如转介来访者而收取介绍费、跟来访者做生意、向来访者借钱）或泄密行为（如泄露来访者的资料）时，来访者需要保护自己，终止心理咨询，情节严重时还可以投诉，或通过法律手段维护本人的权益。

3. 大学生如何做好咨询当事人并从中受益

（1）要准备积极、主动参与。

做心理咨询，不能像到医院去就诊那样，把病情向医生一说，就被动地等待医生开药方、配药。在整个咨询过程中，来访者的配合非常重要。来访者只有与咨询师共同努力，才能帮助自己面对现实、采取恰当的方法解决自己的心理问题。

（2）建立较强的咨询动机。

要想在心理咨询中取得满意的效果，必须有改善或改变自己某一方面状况的真诚意愿。在去咨询以前，要先给自己提两个问题："对自己的现状，我确实不满意吗？""我确实愿意在某个方面、某种程度上改变自己吗？"如果你的回答是不确定或者肯定的，那么你可以去做心理咨询；如果你的回答是否定的，那么你就很难从心理咨询中得到有价值的帮助。

（3）切勿浅尝辄止。

心理困惑、心理障碍不可能像感冒那样吃些药片就会很快恢复，它需要一个过程，要耐心地实施心理咨询师的指导计划，切不可因一时看不到明显的咨询效果就放弃。渴望寻求一位优秀的心理咨询师相助，其心情可以理解，但问题的最终解决是需要坐下来认真探讨的，否则你的状况难以改善。

（4）在咨询室里，你是安全的。

对于你的个人隐私，咨询师会为你保密，这一点请你尽管放心。保密是心理咨询师的基本职业道德之一，是每个咨询师必须遵守的行业信条。

（5）做好遇到困难的准备。

心理困惑最终解决必须依靠你自己的力量。在这一过程中必定会有困难，因为在咨询的过程中，不得不碰触到平时不愿意碰触的、心灵最柔软的部分，有时在恢复到良好状态之前，你也许会感觉更加糟糕，因为心灵的伤口被揭开了。

咨询能够帮助你更了解自己，逐渐提高对自己的接纳程度，能使你更有效地应对生活中的问题和困境。期待咨询能够带给你更多的自我成长，使你做一个真实的自己！

# 第八章  网络安全

网络作为一种新的社会载体在高校蓬勃发展，使得大学校园成为社会"网络化"的发展前沿。以新颖性、趣味性和虚拟性为主要特征的网络，更容易吸引大学生群体。网络只是一种媒介和工具，它对人与社会的影响取决于人们如何利用它。大学生要正确认识并利用网络，趋其利而避其害，远离网络误区，让自己赢在信息网络时代。

## 第一节  网络谣言

在互联网高度发达的今天，网上信息可谓良莠不齐，网络谣言层出不穷，大学生应当加以分辨，做到"不造谣、不信谣、不传谣"。

**常见案例**

<<<<<案例8-1："校园强奸无人管"谣言 ......................................

2012年5月17日，某高校2010级学生周某（女）在本地生活网发了一篇"××大学××校区女生被强奸无人管"的帖子，引起了大量网民围观，也惊动了省教育厅、教育部，给学校造成了极大的负面影响。经调查，事情的起因是教学楼值班员晚上到时间后关门，要求学生离开教学楼，引起该生不满，进而在网上发帖造谣。事后，周某被学校记过处分。

<<<<<案例 8-2："校园血案" 谣言 ……………………………………………

西部某高校一学生因数次到图书馆自修室找不到座位，对学校非常不满。于 2009 年 12 月 11 日、14 日，在新浪、天涯等网站上发布"某高校学生因在自习室抢座位而引发冲突，致使 4 人死亡，3 人正在住院治疗"的帖子。此帖一经发布，便迅速被众多网友跟帖，迅速在各大网站转载并传播。截至 12 月 17 日，该帖点击率就达 2248 次。帖子发出后，地方公安组织治安管理大队网监民警进行调查。经核实，警方未发现帖子中所描述的情况，涉及伤亡的 7 名学生均系假名。该生造谣生事，恶意诽谤学校的违法事件，为学校声誉造成了无法挽回的损失，本人也受到了法律的惩处。

## 案例点评

大学生切勿在网络上杜撰虚假信息或随意发布未经证实的信息，面对疑似网络谣言时，要做到不信谣、不传谣。

## 知识链接

1. 网络谣言的概念

网络谣言是指通过网络介质（例如邮箱、聊天软件、社交网站、网络论坛等）而传播的，没有事实依据并带有攻击性、目的性的话语。主要涉及突发事件、公共领域、名人要员、颠覆传统、离经叛道等内容。谣言传播具有突发性和流传速度极快等特点，因此对正常的社会秩序易造成不良影响。

2. 相关法律规定

（1）《互联网信息服务管理办法》第十五条规定，互联网信息服务提供者不得散布谣言，扰乱社会秩序，破坏社会稳定。

（2）按照《治安管理处罚法》第二十五条，造谣传谣者，处五日以上十日以下拘留，可以并处五百元以下罚款；情节较轻的，处五日以下拘留或者五百元以下罚款。此外，编造虚假险情、疫情、灾情、警情，在信息网络或其他媒体上传播，或明知是虚假信息，故意在信息网络或其他媒体上传播，严重扰乱社会秩序的，处三年以下有期徒刑、拘役或者管制；造成严重后果的，处三年以上七年以下有期徒刑。

## 预防与处理

（1）在官方并未发布正面报道或者回应时，网络上的传言均可能是谣言。

（2）大学生要学会辨别网上的信息，不以讹传讹。首先，通过搜索引擎等工具，查看是否有类似的网络谣言，初步鉴别可疑信息，比如类似信息，仅仅是地名、受害者、车牌等细节更改或者事件情节类似，等等。其次，查看官方网络平台或新闻媒体等权威机构发布的报道，核实是否有相关的内容报道或者辟谣，如无相关信息则要提高警惕，切勿随意转发。此外，还可以通过政府网站、官方微博渠道等进行核实。切勿公开求证，避免二次传谣。

（3）遵纪守法。要学习法律法规知识，增强遵纪守法的自觉性，网络表面上是虚拟的社会，但在网络上的言行，也应遵守国家的法律法规，只有敬畏法律，才会自觉调整自己的行为。

## 第二节　网络"交友"

随着网络的普及，另一种特殊的大学生交际关系映入人们的眼帘——网友关系。网友，是一种特殊的朋友。在网上，每一个人都可能是一个天使，能够安慰人们的心灵；也可以是一名魔鬼，专做害人的事，给人们带来痛苦。因为网友是陌生人，所以可以随心所欲，说出自己的心事，说出自己的不愉快，甚至发泄不满。但是，近年来因为见网友而被骗、被伤害的案例屡见不鲜，尤其是女大学生，常常因为单纯或是抱有幻想而孤身见网友，很容易遭到侵害。

### 常见案例

#### <<<<<案例 8-3：网恋引发感情纠纷案 ………………………………………

2010 年春节期间，钟某（男，21 岁，无业人员）通过朋友的关系，得到了"雯雯"（化名，女，某高校 2009 级学生）的手机号码，并通过电话与雯雯取得了联系，之后，两人成为 QQ 好友。2010 年国庆期间，钟某来校看望雯雯，两人确立恋爱关系。在后来交往中，雯雯觉得钟某不适合自己，多次提出分手，均遭到钟某以死相逼的强烈拒绝。2011 年 6 月 27 日，钟某再次来校找到雯雯，要求恢复恋爱关系，遭到雯雯拒绝。钟某不甘心失去雯雯，走到雯雯所在的宿舍楼顶，采取割右手腕等方式，逼迫雯雯继续恋情。学校保卫处和公安部门接到报警后，经过心理专家、公安民警长时间耐心、细致的工作，钟某放弃了轻生的念头。7 月 2 日 11 时许，公安民警将其送上返程的火车。途中，钟某在临市火车站下车，返回"雯雯"所在学校，16 时，再次潜入女生宿舍门口，要求见雯雯。被再次拒绝后，又一次走到楼顶，翻越过安全墙，再次以自杀要挟雯雯。20 时 30 分左右，钟某被公安民警解救。事后，当地公安局根据《中华人民共和国治安处理法》，对钟某 20 时 30 分左右扰乱学校教学生活秩序，作出了治安拘留 7 天的行政处罚。

<<<<<案例 8-4：网络平台交友纠纷案 …………………………………………

2016 年 5 月 30 日 21 时许，某高校学生蔡某打电话给老师，称其被人非法拘禁在市区某宾馆，请求班主任帮忙解救。保卫处值班人员、班主任及派出所值班民警及时赶到该宾馆将其解救。经查，2016 年 5 月 23 日下午 14 时 58 分，蔡某与黄某（14 周岁，在校初中生）通过微信互加好友后聊天，双方相约于 2016 年 5 月 23 日 20 时 01 分在宾馆开房并发生了性关系。5 月 30 日 20 时，黄某父亲得知此事后，极为气愤，遂用其女儿的微信将蔡某约至某宾馆，欲私下解决问题，引发此案。

**案例点评**

案例 8-3 中的钟某文化程度低，并且没有正当职业；案例 8-4 中，黄某在网络聊天时，称自己已有 17 岁，但其实际年龄仅为 14 岁。网络是虚拟的，大学生网络交友须慎重。

**知识链接**

1. 网友

网友，是一种特殊的朋友，指通过某一网络媒介而相识乃至相知的、见面较少或只能在某一特定地点才能见到的朋友，比如校友、QQ 聊友、电话聊友、博客好友等。与一般意义上的朋友不同，网友是通过网络媒介物而相识乃至相爱的。

2. 网恋和网婚

网络成为人们通信和交往新方式的同时，不可避免地会负载人类情感交流的任务。而在情感交流中，最重要的部分就是两性交流。

（1）网恋：网络恋爱，指男女双方通过现代社会先进的网络媒介进行交往并恋爱。网恋在大学生群体中十分普遍，不过许多大学生只是看到了网恋的浪漫与自由，却没有意识到网恋暗藏的危险。

（2）网婚：网婚，全称网络婚姻，也被称为网络婚礼，是指在虚拟的网络上进行结婚登记并领取虚拟结婚证所缔结的婚姻关系，这种婚姻关系是不受法律承认和保护的。

3. 网友可能对你实施的违法犯罪活动

网友不等于朋友，有时候网友就是一个陌生人，这些人往往利用网络交友的方式实施违法犯罪活动。

（1）与网友见面时伺机实施盗窃。

（2）与网友见面时，以借手机打电话为借口，骗取手机。

（3）在饮料或酒中下药致人昏迷，趁机劫走钱财。

（4）某些经营场所的人员以网络交友为诱饵，骗网友进行高额消费，以获取非法利润。

（5）编造各种借钱的理由，骗取他人钱财。

（6）打着网络交友的幌子玩弄他人感情或实施强奸。

（7）以网络交友为名，进行敲诈勒索、绑架。

## 预防与处理

大学生社会经验不足，容易轻信他人，往往被一些别有用心的网友所利用。因此，为了有效地避免网络交友所带来的危害，大学生应该做到以下几点：

（1）不要使用低俗的网名，容易被别有用心的人利用。

（2）不要将个人的重要信息，如姓名、电话、学校等透露给网友。

（3）不要轻信网友的话，不要被对方的花言巧语所迷惑。

（4）不要轻易与网友视频，以防被对方截屏或非法利用。

（5）不要随便借钱给网友。

（6）不要随便与网友见面，如需见面最好有人陪伴。

（7）不要随便将网友带到自己的学校、寝室或家中。

（8）不要过分地依赖网络交友，应多与身边的人交朋友。

（9）网络交友过程中遇到不法侵害时，应及时向公安机关报案。

# 第三节　网络购物

网络购物无疑已经成为大学生热衷的购物方式，但是其中的幌子和骗局可是不少，大学生们可得睁大双眼，加以注意和防范。

## 常见案例

<<<<<案例 8-5：淘宝网虚拟链接被骗案 ……………………………………

2012 年 7 月 2 日，某高校的马同学到派出所报案。6 月 26 日，他在淘宝网上购物时，突然跳出一个广告链接，一家购物网站正在搞促销，价格十分便宜。马同学很快

"血拼"了几件大衣和数双鞋子，总共才 400 多元。卖家告诉他，可以直接通过"支付宝"付款。马同学立即付款，在输入网银的动态密码时，他发现没有输入框，而卖家说他们使用的是另一种系统，动态密码需通过 QQ 发给他们，由他们输入。马同学将动态密码发过去，很快付款成功。不过，马同学等了几天也没收到所买的货品，用银行卡查询后，发现卡里近 4000 元没了。他再联系卖家，对方已经不在线了。

#### <<<<< 案例 8-6：淘宝信息泄露被骗案 ···················

小李是山东某大学的大三学生，她通过淘宝网购买了一件衣服，付款之后，小李关上电脑准备去上课。这时候，一个陌生电话打了进来，称她的资金冻结在支付宝账户上了，要给她退款，让她重新下单购买。

因为对方自称是淘宝客服，还将自己购物的一些信息讲得很详细，小李便信以为真，接着，对方给小李发来了一个网站链接。随后，小李根据对方的提示，将自己的身份证号和银行卡号统统输了进去。输入完了之后，中国银行给小李发了短信，显示成功支付了 1674 元的金额。

这时，小李才感觉到有些不对劲，她第一时间通过阿里旺旺联系了卖家，卖家说没有打过电话，并且小李下的订单也已经成功提交了。小李这才发觉，自己被人骗了，卡里所有的生活费都被骗走了。

#### 案例点评

以上两个案例是典型的网络购物被骗事件，经营者通过非法链接骗取消费者网上账户的密码等绝密信息，进而盗取消费者钱财。对于这种购物骗局，只要消费者提高警惕，不随意接受或登录经营者发的链接就可以避免上当受骗。

#### 知识链接

1. 网上购物

网上购物，就是利用互联网检索商品信息，并通过电子订购单发出购物请求，然后填上私人支付账号或信用卡的号码，厂商通过物流公司配送的方式，将货物交付给购物者。

2. 网购常见平台

（1）淘宝网。淘宝网是亚洲最大的网络零售商，目前的业务包括 C2C、B2C 两大部分。

（2）易趣网。易趣网是全球著名的电子商务公司 eBay 与国内领先的门户网站、无线互联网公司 TOM 在线于 2006 年 12 月携手组建的一家合资公司。

（3）拍拍网。拍拍网是中国知名的网络零售商，是腾讯旗下的电子商务交易平台。

（4）百度有啊。是以生活消费为核心，致力于满足用户对商品和服务信息的获取、筛选、交流、决策，直至交易的电子商务平台。

3．网络购物的优点

（1）可以在家"逛商店"，订货不受时间、地点限制。

（2）获得较大量的商品信息，可以买到当地没有的商品。

（3）网上支付较传统的现金支付更加安全，可避免现金丢失或遭到抢劫。

（4）从订货、买货到货物上门无须亲临现场，既省时又省力。

（5）由于网上经营省去了租店面、招雇员及储存保管等一系列费用，其价格较一般商场的同类商品更低廉。

（6）可以保护个人隐私。很多人喜欢在网上购买一些个人隐私的物品，因为去实体店购买这些物品显得尴尬难堪。

4．网络购物的缺点

（1）由于当前国内法律不健全，大量的假冒伪劣产品充斥于购物网站；顾客通过网购平台只能看到照片，而货物到达消费者手里时，常会感觉实物和图片不一致。

（2）从网上消费者只能看到照片及对物品的简单的介绍，像衣服或鞋子之类的物品，消费者不能直接看出是否适合自己。

（3）网上购物最令人担心的是账户安全，一旦账户丢失或被盗，很容易造成较大的财产损失。

（4）诚信问题。是指店主的信用程度。服务质量差的店主，对购物者的提问爱搭不理，或者非常不耐烦。

（5）在网上购物还要经过配送环节，快则一两天，慢则要一个星期或更久，有时候配送过程还会出现一些问题。

（6）网上退货相对于实体店购物更加困难，经营者甚至会提出无理要求拒绝退货。

5．常见网络购物陷阱

（1）利用精美图片。利用制作精美的图片来掩人耳目是网络购物中最为常见的招数，衣服上的瑕疵被掩饰得一干二净，或者干脆就是"挂羊头卖狗肉"。

（2）价格低廉的诱惑。网上商品价格诱人，但当其价格低得离谱时就要心存警惕了。

（3）不合理的买卖条款。有一些网站设置了格式化的霸王条款，造成消费者买货容易退货难。这些不平等的条款，往往说明商家对网上售出的商品不承担"三包"责任、不可退换货等。

（4）网络钓鱼。在这种骗局中，消费者付款后，骗子往往称要达到一定数量才发货，胁迫买者继续付钱，而买方一旦按其要求付钱后，对方就人间蒸发了。

（5）虚拟交易。现在，虚拟产品的交易也存在着大量骗局，给游戏点卡充值或者购买虚拟物品的时候，除了双方直接交易产生的骗局外，还有大量伪造的中介网站坐收渔人之利。

（6）狡兔三窟。为了使欺骗得逞，骗子可能会采取各种方式防止被人识破，例如用多个名称、网址，在工商备案登记信息中加入"该网站正在变更受理中"。

## 预防与处理

1. 网络购物防骗技巧

（1）查电话。查看网店手机卡是否是需持身份证方能开通的，如属不需身份证即可开通的，要谨防对方关机后无从查找。

（2）看账户。查询银行账户或信用卡是在哪个城市开户的，若与公司地址不一致，则应提高警惕；以公司名义从事交易却要求消费者将钱款打入个人账户的，尤其应当谨慎对待，最好选择货到付款。

（3）留证据。商家对网络购物商品不承担售后责任已成为制约电子商务发展的重要瓶颈，所以一定要注意完整保存有关的"电子交易单据"。

（4）及时查看网友投诉曝光、建议咨询栏。大家在进行交易时要仔细查看网友投诉记录，确认自己的交易对象是否被其他网友投诉过。

（5）切记"一分钱一分货，便宜无好货"这句至理名言。

2. 网络购物被骗应对措施

（1）如果是在 B2B、C2C 之类网站购物，尽量购买带有消费保障标志的商品。

（2）如果不满意可以申请退款或投诉卖家。

（3）如果卖家不理睬你，淘宝小二将会介入调解。

（4）如果调解不成功，应该立即报警。

（5）携带详细资料当面咨询律师，以便律师全面了解案情。

# 第九章 活动安全

大学生实习、见习和教学实践活动是高校教学计划的重要组成部分，丰富多彩的校园活动是大学中一道亮丽的风景。由于大学生活动有人员多、举办频繁和形式多样等特点，很容易发生安全事故。保障学生在校活动安全，指导学生过安全健康的生活，是校园活动安全的重要工作。

## 第一节 校园活动安全

丰富多彩的校园集体活动，对丰富大学校园生活、开拓学生视野起到了良好的促进作用，但是校园集体活动也存在着安全隐患，并逐渐成为一个不容忽视的安全问题。

**常见案例**

### <<<<<案例 9-1：校园明星活动学生受伤案

2003 年 5 月 19 日，某著名女歌唱家来西部一所高校访问，在图书馆学术报告厅参加"××奖学金"发放仪式。少数同学想一睹歌星风采，不听指挥，从图书馆大门口蜂拥而上。结果因人数众多，秩序混乱，人群将图书馆玻璃大门挤破，破碎的玻璃落下时，将该校 2001 级学生李某右脚脚筋切断，造成该同学右脚伤残的后果。

<<<<<案例 9-2：大学生篮球赛打架案 ……………………………………………

2007 年 5 月 19 日，某高校举办了常规的毕业杯篮球赛，比赛双方为 2004 级和 2003 级的两个班级球队。双方队员在比赛中肢体碰撞不断，在 2003 级的一次快攻中，2004 级球员王某直接用脚将持球快攻球员绊倒，导致进攻球员踝关节严重扭伤。当值裁判为合理控制比赛，将该犯规球员直接罚出场，这一吹罚引起了 2003 级球员的强烈不满。王某在与裁判的理论中，又与 2004 级的球员发生争执，双方瞬间扭打在一起。经过十余分钟的劝导，才平息此事，所幸其他冲突队员均未受伤。经过调查，根据学校相关管理制度，对参与打架的 9 名学生进行了处罚，其中 8 名同学受到警告、严重警告等处分，王某被处以记大过处分，并负责受伤球员的医疗费用。

**案例点评**

学校有完善的体育文化设施，在校园内举办的大型文体活动越来越多，各类活动中安全事故频发，使学生的生命财产安全受到损害。

**知识链接**

1. 校园大型活动的定义

校园大型活动是指在校内举行、面向师生员工或社会公众、每场次预计参加人数达到 1000 人以上的下列活动（学校教学科研活动、会议、非全校性的文体活动等除外）：

（1）体育比赛活动；

（2）演唱会、音乐会等文艺演出活动；

（3）人才招聘会、展览、展销等活动；

（4）游园、灯会等活动。

2. 参加校园大型活动的人员应当遵守相关规定

（1）遵守法律、法规和社会公德，不得妨碍社会治安、影响社会秩序；

（2）遵守大型群众性活动场所治安、消防等管理制度，接受安全检查，不得携带爆炸性、易燃性、放射性、毒害性、腐蚀性等危险物质或者非法携带枪支、弹药、管制器具；

（3）服从安全管理，不得展示侮辱性标语、条幅等物品，不得围攻裁判员、运动员或者其他工作人员，不得投掷杂物。

3. 大学生群体性突发事件的特征

（1）突发性。大学生群体性突发事件都是突然发生、事前难以完全预料的。在发生过程中，学生基于同学、舍友、老乡等关系会形成快速的成员联动，聚集起大规模的学生群体。

（2）破坏性强。大学生群体性突发事件违反了校纪校规，扰乱了正常的教学秩序，给师生带来较大的伤害，还会给学校的名誉带来负面影响，长时间内难以消除。

（3）参与人员同质性较高。大学生群体性突发事件以大学生为主体，他们具有相似的学习背景、生活习惯、校园环境、心理特征等，极容易引起大家的共鸣。

（4）网络渗透力强。借助于网络媒介，大学生群体性突发事件会以滚雪球的模式向外传播信息，涉及的范围广，速度快。

（5）行为过激，且持续时间短。大学生群体性突发事件中的个体与群体发生纠纷之后，会表现出激进的个人行为，做出许多过激的行为，但是持续时间不会太久，随着事件的平息个体会回归理性。

## 预防与处理

大型公共活动安全问题重如泰山，由于集体活动人员众多，情况复杂，因此组织部门和参与者必须采取以下预防对策，做到防患于未然。

1. 提前防范，增强预见性

提前防范是指在事故发生前做好应对异常情况的准备，在事故发生初期能够采取有效的措施预防更严重的后果。入场前，首先要对场内的情况进行基本了解。注意观察场所、安全出口、安全通道、安全部位的位置，一旦发生突发性事件，则能从容脱险。要能识别事故的先兆，不要参加管理松弛、秩序混乱或存在明显安全漏洞的公共活动。另外，发现周围的同学和朋友正在做有损安全的事时，要把它视为对自己的威胁而加以制止。

2. 心态平稳，避免过激言行

在公共活动场所，因为人多且集中，人与人之间的摩擦在所难免，尤其是大学生年轻气盛，很容易发生口角而导致言行过激。因此，一旦遇到摩擦首先要冷静，心平气和地与对方谈话，以理服人。

3. 自我克制，防止矛盾激化

矛盾的发生和进一步激化往往和不能自我克制、不能冷静对待有着紧密的联系，无论争执和矛盾由哪一方引起，都要保持冷静，绝不可情绪激动。

维护校园安全稳定不仅是管理部门的责任，同时也需要大学生的积极配合，要坚持"恶性事件不参与，突发事件不惊慌"，遇到下列事故时，采取有效的措施进行救护。

4. 拥挤踩踏事故

组织室内外大型集会、文艺汇演、运动会等，由于人员高度集中，一旦发生火灾，出现暴雨、冰雹等天气容易引起人群恐慌，引发骚乱，进而发生踏伤事故。

事故救护措施：

（1）出现明显骨折、头部着地伴头昏呕吐时，应立即送医院检查治疗。

（2）因挤压、践踏而有强烈痛感者也应立即送往医院仔细检查，谨防内脏器官受伤，延误治疗。

（3）学校应及时通知受重伤学生的家长到医院，了解并参与对伤者的治疗。

（4）发生重大安全事故时，学校应配合相关部门做好调查取证工作，查明事故原因、责任人、证明人，以便后期依据有关法规合情、合理地做好善后处理。

5. 校园建筑物倒塌事故

建筑物倒塌主要指房屋坍塌、围墙倒塌、柱倒板落等各种情况，根本原因是建筑物存在安全隐患，直接原因则往往是人为的碰撞、震动或踩踏。

事故救护措施：

（1）立即将未遇险的其他学生迅速撤离危险工作面，并观察周围环境，防止更大塌方，根据险情迅速求救。

（2）若部分体位被埋、压，首先要判明被压的人数及其方位，然后组织营救。

（3）救人时，不可一拥而上，以防踩伤被埋人员，根据被压人员所在方位迅速用手挖开。要慎用工具，以防铲伤被埋人员。

（4）救出遇险人员后，再根据伤情妥善处理。

（5）问题严重时，迅速上报上级部门，并通知家长。

# 第二节　校外教育实习与见习活动安全

大学生为了理论联系实际，将学校所学和将来就业联系起来，增长见识，常常需要到校外进行教育实习和见习活动。这其中，如果不注意安全防范，也容易发生安全事故。

**常见案例**

<<<<<案例 9-3：大学生校外实习被骗案 ……………………………………

2014 年 10 月，某高校大三学生王某与该校 140 多名大三学生一起前往一家科技园实习。抵达后，负责接待的某市科技园工作人员带他们去的并非之前承诺的园区内大

企业，而是市郊农村的两家私人工厂。每天工作 12 小时，伙食很差，床上只有凉席和一床不足 4 斤的薄旧棉被，月工资仅 900 元左右。同学们及时向学院领导反映，在学校的交涉下，所有学生顺利返回学校。

### <<<<< 案例 9-4：大学生校外教育实习遇害案 …………………………

2010 年 1 月 19 日上午，在某沿海城市某中学（私立学校）实习的某高校 2006 级女学生张某，独自一人到学校附近的村庄进行寒假招生宣传，当天没有返回学校。2 月 1 日，张某被发现在村庄一个废旧的祠堂旁边遇害。后经公安部门立案侦查，该案件迅速被侦破，犯罪嫌疑人为男性。该犯罪嫌疑人见张某一人并带有手机，临时见财起意，抢劫张某手机。张某不从，奋力反抗，被犯罪嫌疑人拉入其附近租住的出租房内，在对张某进行了性侵害后因害怕罪行败露，将其残忍杀害。

### 案例点评

校外教育实习和见习活动是学校教学计划的一部分，也是学生走向社会的第一步，由于学生缺乏社会经验和安全意识，极易上当受骗和发生各类事故。

### 知识链接

大学生实习、见习活动安全主要有以下两点：

1. 生产实习安全

生产实习需要同学们深入到工厂里，了解工厂或企业的生产工艺流程、加工工艺和设备的使用知识、工厂管理等，这是与社会和工厂接触的好机会，能够使自己更多地了解实际的操作，学到书本中学不到的知识，但一定要注意安全。

初入工厂，大学生的好奇心很强，但时刻要保持警惕，注意自身及周围同学的安全。工厂不同于学校，有很多危险部位，如高压区、变压器和运行的机器等。一般情况下，这些地方（包括触及人身安全的其他地方）都会有标志或说明。在实习过程中，学生应尽量远离这些部位。例如某大学生在工厂实习时，由于疏忽大意，不慎将胳膊绞到转动的齿轮中，造成一只手残疾。另外，在工厂中，由于生产工作的需要，车间或厂区内会有很多的地沟或管道，大学生对这些环境不很熟悉，很容易受到伤害。如造纸厂碱回收车间的地沟里有含碱量很高的液体，不小心掉进去，会灼伤皮肤。如果不小心沾上碱液，也不要慌，可先用清水冲洗使之稀释，再用稀释的酸液清洗使之中和。

在工厂实习过程中要注意以下事项：

（1）进行实习分组或编队时，要注意男女生的搭配、混合编排小组，尽量避免由女教师、女学生单独编组，禁止一个人单独外出实习。

（2）每个小组要指定一个人负责安全工作，并在进厂或进入车间之前，明确安全注意事项及具体的规章制度。

（3）在工厂参观时，遵守工厂的规定，不要任意走动，不要接近危险区；在车间不要随便触摸正在运行的机器及操作按钮等，以免引起生产事故。

（4）不论在何单位实习，都要服从该单位主管人员的领导，虚心向技术人员、工人师傅学习。未经允许，不得擅自操作机器设备，严格遵守各项规章制度。

（5）严格按照操作规程操作，防止损坏仪表、仪器及机械设施，遇到危险情况及时报告，防止发生人身伤亡事故。

2. 毕业实习安全

毕业实习是大学学习生活中最后一次实践活动，一般与毕业论文（设计）联系在一起，同时也是为即将走上工作岗位的大学生，打下一个良好基础的重要环节。在毕业实习过程中，不仅要注意在工厂或单位的安全，还要注意出外乘车及旅途中的人身安全。每到一个实习地，都要注意了解当地的治安情况和风俗习惯，认清道路，注意食宿安全，并针对可能发生的一切问题采取切实可行的措施。

在工厂实习时应注意事项：

（1）每个实习小组要指定一个人负责安全工作，并在进厂或进入车间之前明确安全注意事项及具体的安全管理规章制度。

（2）遵守工厂的规定，不要接近危险区，不要随意触碰正在运行的机器及操作按钮等，以免发生生产事故。

（3）严格按照操作规程操作，防止损坏仪器、仪表及机械设备，遇到危险情况及时报告，防止发生人身伤亡事故。

**预防与处理**

（1）多方面、多渠道详细了解实习单位的情况及背景，认真确认招聘信息的真实性，不要贸然行事。必要时可向当地人才服务机构或学校就业指导中心咨询、核实，也可以直接与该单位的上级主管部门或工商管理部门联系核实。

（2）警惕卷入任何形式的传销活动，防止钱财被骗。在求职过程中，如果遇到需要交纳一定现金或必须先购买某种产品才能获得实习机会的情况一定要慎重，要做到不缴纳不知用途的款项，不购买自己不清楚的产品，不随便签署协议。如发现异常情况，要及时向学校、当地劳动保障监察部门报告，或向公安机关报警，寻求法律保护。

（3）在实习过程中要注意人身安全，不要单独到偏僻的地方或隐秘的地方（如宾馆、郊区）参加面试。在求职过程中要随时与老师、同学、家人保持信息畅通。

（4）校内单位组织学生参加校外集体活动，必须做好安全保障措施。

## 第三节　军训活动安全

当代的大学生，参加学校组织的军事训练，既可以提高自身的身体素质，又可以感受到作为一名军人保家卫国的自豪感。军训是国防部对学校和大学生的基本要求，大学生可以借此提高国防安全意识。但是，一些大学新生由于身体原因或是安全意识薄弱，在军训中就会发生军训安全事故。

### 常见案例

#### ＜＜＜＜＜案例 9-5：军训活动学生群架案 ……………………………………

2005 年某高校新生军训期间，某天下午 7 时许，一名男教官带领一个班的男生在学生宿舍下面的空地进行军训。中途，教官对表现不好的新生罚做俯卧撑，宿舍三楼大三男生见状起哄，教官与起哄学生发生了语言冲突，军训活动被迫中断。教官便召集附近 7 名教官上到三楼宿舍找起哄者理论，双方发生肢体冲突，随后升级为群体性斗殴事件。最后，防暴警察出动，事态才得到控制。冲突中，双方均有人员受轻伤。

#### ＜＜＜＜＜案例 9-6：新生军训猝死案 ……………………………………………

2010 年 9 月 10 日 18 时许，某高校的新生吃完晚饭后再次开始军训。站军姿 10 分钟后，教官开始教唱《团结就是力量》，随后，新生徐某被点中出列唱歌。由于是头一次在数十人面前唱歌，心里特别紧张，不记得歌词，唱了一半之后就返回了队列。入列时，徐某突然感觉头晕，蹲下来之后，突然扑倒在地，不省人事。现场教官和同学立即施救，后送医院抢救，但当晚 8 时 25 分，徐某不幸身亡。警方初步认定徐某属于猝死。

### 案例点评

军训安全的内容非常宽泛，包括参加军训的所有人员的人身安全、心理安全、财产安全，还包括政治宣传、军事装备等方面的安全问题。

### 知识链接

1. 军训

军训是根据《中华人民共和国兵役法》和《中共中央关于教育体制改革的决定》

的要求进行的，是高等院校改革教育内容、学生接受国防教育的基本形式；是培养"四有"人才的一项重要措施；是培养和储备我军后备兵员及预备役军官，壮大国防力量的有效手段。

2. 军训安全问题

从大学生安全教育的角度来看，军训安全问题主要集中在以下几个方面：

（1）实弹射击、投弹等安全问题；

（2）因高温酷暑导致中暑；

（3）因体力透支、食物中毒、冷暖失调、作息与饮食不当等原因致病；

（4）军训中发生的争执和纠纷等治安问题；

（5）打闹嬉戏造成的人身财产损失；

（6）军训中思想、心理、情绪等方面的沟通与团队适应问题；

（7）户外训练与演练时，出现的人员丢失、摔伤、刺伤等意外伤害；

（8）失火、触电、雷击等公共安全隐患。

## 预防与处理

随着大学生军训工作的普及和发展，军训学生的安全显得格外重要。各个大学均有责任和义务避免和杜绝学生在军训期间发生意外事故，保证军训工作安全顺利开展，做好学生军训期间的安全防事故工作。

1. 做好防暑降温工作

在暑期开展军训的学校，要提早制定和落实各项安全防范措施，确保学生和其他参训人员的安全。高温季节应利用早晚时间进行军训，避免烈日下活动，当气温较高不适宜进行军训时，应停止室外训练，防止发生人员中暑现象。注意学生宿舍的通风、整洁，合理安排作息，保证学生有充足的睡眠和休息时间。

2. 注意饮食卫生

对食堂采购员和炊事员进行体检和卫生教育，严把采购、加工关。要按照食品卫生制度的要求，对每个环节进行严格检查和监督。尤其要做到生熟分开，认真搞好食物容器的消毒工作，对易变质饭菜必须重新加工后方可食用。暑期军训期间，学校要提供足量、卫生的凉开水或矿泉水，保证学生能随时喝水降温（冬天应有热开水）。

3. 注意休息

军训时安排有午睡的时间，大学生应抓紧时间充分休息。在军训过程中，如果感觉身体不适，不要勉强参加军训，应直接向教官报告，尤其是女生。

4. 穿着舒适

迷彩服里面最好再穿一件棉制背心，否则迷彩服背部很快会因汗液经体温加热和日晒挥发而结出盐晶；袜子以棉质运动袜为最佳；鞋子里面最好垫软鞋垫，使脚后跟更加舒服，同时对汗脚、脚臭也有一定的防治作用。

5. 做好救护

军训现场应安排医护人员，摆放防暑降温药品，做好突发事件应急准备工作。

## 第四节　实验安全

大学实验活动是培养学生探索求真精神、科学严谨态度以及优秀思想品质的良好途径，但是这一切的前提是实验室的安全。因此，我们在利用实验活动多渠道提高学生素质和能力的同时，要加强对学生的安全和环保意识的培养。

### 常见案例

#### <<<<<案例 9-7：动物实验感染大学生案 ………………………………………

2011 年 3 月 4 日，东北某大学一男同学出现发热、头晕症状，并伴有左膝关节疼痛，经校医院诊治两天后效果不明显，便转院治疗。3 月 14 日，医院检验结果表明，该学生布鲁菌病血清学检验呈阳性。随后，该校动物医学院和应用技术学院又有多名学生被检测出布鲁菌病血清学呈阳性。

据了解，布鲁菌病的感染源是实验室的山羊，2010 年 12 月，该学校几名教职工先后从一家养殖场购入 4 只山羊。在购买过程中，实验指导教师均未按规定对实验山羊进行现场检疫。教师在指导学生进行实验的过程中，也没有按照标准的实验规范严格要求学生进行有效防护，由此造成了这次实验感染事故的发生。

#### <<<<<案例 9-8：实验室意外爆炸案 ………………………………………

2013 年 4 月 11 日晚 9 时 30 分左右，某职业学院实验室发生爆炸，造成两个窗户炸损，2 名学生轻微受伤。爆炸是化学专业的学生在教师指导下，做水煤浆煤粉研磨实验过程中发生的，初步确定是实验仪器意外发生爆炸。

### 案例点评

实验室安全事故不仅影响正常的教学任务，还严重威胁师生的人身安全和公共财产安全，因此大学生要在遵守学校及学科专业实验教学规定的同时，加强防范意识，懂得如何规避和处理实验室发生的安全问题。

知识链接

1. 常见实验室安全事故

众所周知，实验室内存有大量的危险物品，尤其是化学实验室存放有化学药品，许多化学药品有一定的危险性，如易燃、易爆、剧毒、有强烈的腐蚀性等。大学生在进行实验活动时要特别小心，尤其要注意以下几种常见的实验室安全事故。

（1）火灾事故。

火灾事故的发生具有普遍性，主要原因有安全防火规章制度不健全、电气线路老化、配电不合理以及易燃易爆危险品存放、使用不合理等。

（2）爆炸事故。

爆炸事故多发生在具有易燃易爆物品和压力容器的实验室，主要原因是：违反操作规程，引燃易燃物品，进而导致爆炸；设备老化存在故障，造成易燃易爆物品泄漏，遇火花引起爆炸。

（3）中毒事故。

中毒事故多发生在化学类实验室，直接原因包括违反安全规定，造成误食中毒；设备设施存在故障，造成有毒物质泄漏，酿成中毒事故；管理不善，造成有毒物品散落流失，引起环境污染等。

（4）机电设备伤人事故。

机电设备伤人事故多发生在机械工程类实验室，事故原因有：操作不当或缺少防护，造成挤压、甩脱和碰撞伤人；违反操作规程或因设备老化而存在故障和缺陷，造成漏电、触电或电弧火花伤人等。

2. 实验室安全规则

想要保证实验活动安全，大学生在提高安全意识的同时，还要遵守以下几条实验室安全规则。

（1）电器装置与设备的金属外壳应与地线连接，使用前应检查外壳是否漏电。

（2）为了防止误服化学药品而中毒，严禁在实验室内饮食、吸烟，严禁把食具带进实验室，或将实验容器当作水杯、餐具使用；进行实验时，不要用手摸脸、擦眼等；实验完毕，必须洗净双手。

（3）绝对不允许随意混合各种化学药品，以免发生意外事故。

（4）金属钾、钠和白磷等暴露在空气中易燃烧，所以金属钾、钠应保存在煤油中，白磷则保存在水中，取用时要用镊子，避免金属钠与水、卤代烷直接接触，以免因剧烈反应而发生爆炸。

（5）使用易燃易爆气体，要保持室内空气流通，严禁明火或敲击、开关电器（产生火花）等。

（6）注意保护眼睛，必要时戴好防护镜。防止眼睛受刺激性气体的熏染，更要防止化学药品等异物进入眼内。

（7）不要靠近容器去嗅气味，正确的做法是面部远离容器，用手把逸出容器的气体慢慢地扇向自己的鼻孔。

（8）有毒药品，如重铬酸钾、钡盐、铅盐、砷的化合物、汞的化合物，特别是氰化物不得进入口内或接触伤口。剩余的废液也不能随便倒入下水道，应倒入废液缸或教师指定的容器里。

（9）金属汞易挥发，并通过呼吸道而进入人体内，逐渐积累会引起慢性中毒。所以做金属汞的实验时应特别小心，不得把金属汞洒落在桌上或地上。一旦洒落，必须尽可能收集起来，并用硫黄粉盖在洒落的地方，使金属汞转变成不挥发的硫化汞。

（10）常压操作时，切勿在密闭系统内进行加热反应。在反应进行过程中，要经常注意仪器装置的各部分有无堵塞现象。减压蒸馏时，要用圆底烧瓶或吸滤瓶作接收器，不得使用机械强度不大的仪器，否则可能发生炸裂。

（11）玻璃管（棒）切割后，断面应在火上烧熔以消除棱角。

（12）将玻璃管（棒）或温度计插入塞中时，应先检查塞孔大小是否合适（孔径太小可用小圆锉将孔扩大）、玻璃是否光滑，并涂些甘油等润滑剂，然后旋转插入。

（13）实验室所有药品不得带出室外，用剩的有毒药品应交还给教师。

### 预防与处理

一旦在实验活动中发生意外事故，大学生一定不能惊慌，可以采用以下方式进行紧急处理。

1. 创伤

伤处不能用手抚摸，也不能用水洗涤。若是玻璃造成创伤，应先把碎玻璃从伤处挑出。轻伤可涂紫药水（或红汞、碘酒），撒些消炎粉或敷些消炎膏，用消毒纱布包扎。必要时立即到医院医治。

2. 烫伤

不要用冷水洗涤伤处。伤处皮肤未破时，不要将水泡挑破，可涂擦饱和碳酸氢钠溶液或用碳酸氢钠粉调成糊状敷于伤处，也可抹獾油、烫伤膏或万花油；如果伤处皮肤已破，可涂些紫药水或1％高锰酸钾溶液润湿伤口，再抹烫伤膏。

3. 受酸腐蚀致伤

先用干净的干布或吸水纸揩干，再用大量水冲洗，然后用饱和碳酸氢钠溶液（或稀氨水、肥皂水）冲洗，最后再用水冲洗。如果酸液溅入眼内，用大量水冲洗后，再用1％碳酸氢钠冲洗，严重者送医院诊治。

4. 受碱腐蚀致伤

先用干净的干布或吸水纸揩干，再用大量水冲洗，然后用2％醋酸溶液或饱和硼酸溶液洗，最后用水冲洗。如果碱液溅入眼中，可先用3％硼酸溶液洗，再用大量水冲洗。

5. 受溴腐蚀致伤

伤口一般不易愈合，一旦有溴沾到皮肤上，用酒精洗涤后涂甘油；或先用甘油、20％的硫代硫酸钠溶液冲洗，再用大量水冲洗，用消毒纱布包扎后就医。

6. 受磷灼伤

用1％硝酸银、5％硫酸铜或浓高锰酸钾溶液洗濯伤口，然后包扎。

7. 吸入刺激性或有毒气体

吸入氯气、氯化氢气体时，可吸入少量酒精和乙醚的混合蒸气解毒。吸入硫化氢或一氧化碳气体而感到不适时，应立即到室外呼吸新鲜空气。应注意：氯气、溴中毒时不可进行人工呼吸，一氧化碳中毒时不可施用兴奋剂。

8. 毒物进入口内

将5毫升～10毫升稀硫酸铜溶液加入一杯温水中，内服后，用手指伸入咽喉部，促使呕吐，吐出毒物，然后立即送医院。但是，对于腐蚀性的酸碱中毒，不要吃催吐剂，应先饮大量水后服用氢氧化铝膏或醋酸，然后服用鸡蛋白、牛奶。

9. 触电

首先切断电源，或尽快用绝缘物（干燥的木棒、竹竿等）将电源与触电者隔开，然后在必要时进行人工呼吸并送医院治疗。

10. 起火

起火后，要立即一面灭火，一面防止火势蔓延（立即停止加热、停止通风，关闭电闸，移走一切可燃物）。灭火要针对起因选用合适的方法和灭火设备，并使用灭火器从火的四周开始向中心扑火。

## 第五节　体育运动安全

体育运动可以锻炼身体、增强胆识，培养大学生的耐力和毅力。但是如果在体育运动中不注意保护自己，忽视事故预防工作，就容易出现运动伤害，如擦伤、拉伤、扭伤、骨折、溺水等，严重的还可能造成终身残疾甚至死亡。

常见案例

<<<<<案例 9-9：大学生长跑意外猝死案 ......................

2012年11月28日，某高校一名学生在参加1000米长跑的体能测试时，跑出500

米后倒地不起，经法医鉴定，系意外猝死，去世时仅 18 岁。

#### <<<<<案例 9-10：标枪伤人案 ………………………………………………

2012 年，安徽某高校体育课，授课内容是投掷标枪，一个学生在练习过程中，由于角度较偏，标枪刺伤一位正在操场跑步的学生。

### 案例点评

体育运动的风险是无法完全避免的。尽量把风险降到最低，这是学校开展体育活动时力求达到的目标。因此教育主管部门和学校在加强学生安全教育的同时，可以通过购买保险等方法来规避风险。

### 知识链接

1. 体育运动的分类

（1）竞技体育。指为了战胜对手，取得优异运动成绩，最大限度地发挥和提高个人、集体在体格、体能、心理及运动能力等方面的潜力所进行的科学的、系统的训练和竞赛。包括田径、体操、篮球、排球、足球、乒乓球、羽毛球、举重、游泳、自行车等项目。

（2）娱乐体育。指在闲暇时间或特定时间所进行的一种以愉悦身心为目的的体育活动，内容一般包括球类游戏、活动性游戏、棋类以及传统民族体育活动等。

（3）大众体育。指为了娱乐身心、增强体质、防治疾病和培养体育后备人才，在社会上广泛开展的体育活动的总称。主要包括职工体育、农民体育、社区体育、老年人体育、妇女体育、残疾人体育等，形式有锻炼小组、运动队、辅导站、体育之家、体育活动中心、体育俱乐部、棋社以及个人自由体育锻炼等。

（4）医疗体育。指运用体育手段治疗某些疾病与创伤，恢复和改善机体功能的一种医疗方法。通常包括医疗体操、慢跑、散步、自行车、气功、太极拳等。

2. 体育运动的益处

（1）运动可以改变人的形态、结构，调节人的新陈代谢功能，提高各器官系统的机能。这些改变、调节和提高的趋向是与人类社会的进步相适应的。

（2）运动可以提高人体在生长发育期的发育水平，使人的发育期大大延长；体育锻炼有着明显的抗衰老作用，可延长人的寿命。

（3）运动可以对人体产生全面的影响，提高人对环境的适应能力、工作能力、劳动能力及运动能力。

（4）运动可以提高人体的某些免疫能力，预防和治疗某些疾病，加速患者在医学手段后的恢复。

（5）运动可以提高人的智力容量，改善人的精神状态和心理因素。

（6）运动可以塑造健美的体态，培养良好的行为举止，提高人的审美能力。

（7）体育锻炼有益于实现某些特殊性状的变异，并促使这些对人类有益的性状遗传下去。

（8）体育锻炼是指导控制人类未来进化过程的积极有效因素，它有益于人类向自身进化的更高水平发展。

3. 体育运动的原则

要想科学地安排体育运动和身体锻炼，提高锻炼效果，避免伤病事故，就必须遵循以下基本原则：

（1）循序渐进原则。体育锻炼的循序渐进是指在学习体育技能和安排运动量时，要由小到大、由易到难、由简到繁，逐渐进行。

（2）全面发展原则。锻炼时，要注意活动的多样性和身体机能的全面提高。

（3）区别对待原则。体育锻炼时，要根据每个锻炼者的年龄、性别、爱好、身体条件、职业特点、锻炼基础等不同情况做到区别对待，使锻炼更具有针对性。

（4）经常性原则。经常参加体育活动，锻炼的效果才明显、持久，所以体育锻炼要经常化，不能三天打鱼两天晒网。虽然短时间的锻炼也能对身体机能产生一定的影响，但一旦停止体育锻炼，这种良好的影响作用会很快消失。

（5）安全性原则。从事任何形式的体育锻炼都要注意安全，如果体育锻炼安排得不合理，违背科学规律，就可能出现伤害事故。

**预防与处理**

体育运动好处很多，但运动安全事故同样存在。大学生在参加体育运动时要掌握以下运动要点，才能拥有健康的体魄。

（1）不要盲目参加超过自己能力的活动，应通过力所能及的活动来锻炼身体。

（2）在有条件的情况下，请体育老师或运动专家根据大学生的体质和健康状况，制定合适的运动方案，它可以指导大学生有目的、有计划地进行安全、科学的锻炼。

（3）每次锻炼前必须做好充分的准备活动，克服内脏器官的生理惰性，预防运动损伤的发生。

（4）饭后、饥饿或疲劳时应暂缓锻炼；生病初愈不宜进行较大强度的锻炼。

（5）自己不熟悉的水域，不要随便入水游泳或潜水，以免发生意外；用室外器械进行锻炼时，一定要先检查器械是否安全可靠。

（6）每次锻炼后，要注意做好整理、放松运动。这样有利于促进身体的恢复，以便迅速投入到学习活动中去。

（7）在锻炼的过程中，注意饮水卫生；运动后不宜马上洗冷水澡。

（8）在制定或实施自己的锻炼计划前，一定要经过体检和医生的认可。如果你患有某种疾病或有家族遗传病史，需要找医生咨询，在有医务监督的情况下，按照体育教师和医生的建议进行锻炼。

# 第十章 消防安全

⚠️

　　高校人员密集，公寓集中，教室、实验室多，仪器设备价值昂贵，防火重点部位多，极易发生火灾。师生员工必须紧绷防火安全这根弦，加强消防安全知识学习，提高消防技能，确保校园消防安全。

## 第一节 宿舍用电安全

　　电与生活是息息相关的，它存在于我们生活的每一个角落，然而正是由于我们对电太过熟悉，以至于忽略了电的危害性。安全用电，历来都是学校安全工作的一个重点。目前，大学宿舍中，许多同学都在使用诸如电脑、电热毯、电饭锅等电器，由于用电量过大，电线常常超负荷运载。因此，大学生要知晓安全用电知识，并学会排除用电险情，当危险发生时能够正确应对。

<<<<<案例 10-1：大学生宿舍 "热得快" 引发火灾案 ………………………

　　2012 年 10 月 18 日凌晨，某高校公寓二楼一房间突然着火，有学生被困。接到报警后，该市消防支队某大队迅速出动 3 辆消防车、17 名官兵火速赶赴现场，只花了 5 分钟便扑灭明火。由于疏散及时，扑救得当，火势没有进一步蔓延，火灾未造成人员伤亡。火灾疑似由"热得快"烧开水引发。

### <<<<< 案例 10-2：大学生洗澡引发触电案 ....................................

2013 年 2 月 26 日下午 5 点左右，某高校一名二年级女生在宿舍洗澡时触电。医护人员赶到时，女生脉搏、呼吸已停止。经过一个多小时的抢救，女生最终恢复了脉搏、呼吸等生命体征。

### 案例点评

校园火灾大部分是因为个别学生违章使用电器而引发，学生宿舍是一个集体场所，是一个人口密度极大的聚居地。任何一场火灾都可能造成重大后果，带来无可挽回的财产损失和人身伤害。

### 知识链接

电能是一种方便的能源，它的广泛应用促成了人类近代史上的第一次技术革命，有力地推动了人类社会的发展，给人类创造了巨大的财富，改变了人们的生活。但是，电能是一把"双刃剑"，如果在生产或生活中不注意安全用电，也会带来灾害。

1. 安全电压

所谓安全电压，是指为了防止发生触电事故，由特定电源供电而采用的电压系列，一般为 36 伏。安全电压应满足以下三个条件：一是标称电压不超过交流 50V、直流 120V；二是由安全隔离变压器供电；三是安全电压电路与供电电路及大地隔离。我国规定的安全电压额定值的等级为 42、36、24、12、6 伏，当电气设备采用的电压超过安全电压时，必须按规定采取防止直接接触带电体的保护措施。

2. 触电反应

以工频电流为例，当 1 毫安左右的电流通过人体时，会产生麻刺等不舒服的感觉；当 10 毫安～30 毫安的电流通过人体时，会产生麻痹、剧痛、痉挛、血压升高、呼吸困难等症状，但通常不会有生命危险；100 毫安以上的电流足以致人死亡。

### 预防与处理

1. 预防用电危险

触电事故的发生具有明显的季节性，事故多发生在夏、秋两季。一方面因为天气炎热，人体出汗多，电阻降低，危险性增加；另一方面是因为多雨潮湿，电器绝缘性能下降，容易出现漏电。大学宿舍安全用电要以预防为主，从根源上防止触电。

（1）不要购买"三无"的假冒伪劣电器产品。

（2）使用电器时应有安全的电源线插头，金属电器要接地保护。

（3）不要用湿手接触带电设备，不要用湿抹布擦拭带电设备。

（4）不要私拉乱接电线，不要随便移动带电设备。

（5）电器电源线破损时，要立即更换或用绝缘布包扎好。

（6）家用电器与电源连接，必须用可断开的开关或插接头，禁止将导线直接插入插座孔。

（7）常用电器，尤其是电热类电器要随手关掉电源。

（8）宿舍内禁止使用电炉、热得快等违规电器。

2. 触电应急措施

一旦发生触电事故，救护者一定要冷静，必须在保证自身安全的情况下，第一时间切断电源。具体做法如下：

（1）如开关箱在附近，可立即拉下闸刀或拔掉插头，断开电源。

（2）如距离闸刀较远，应迅速用绝缘良好的电工钳或有干燥木柄的利器砍断电线，或用干燥的木棒、竹竿、硬塑料管等物迅速将电线拨离触电者。

（3）若现场无任何合适的绝缘物可利用，救护人员可用几层干燥的衣服将手包裹好，站在干燥的木板上，拉触电者的衣服，使其脱离电源。

（4）发生高压触电时，应立即通知有关部门停电，并迅速拉下开关，或由有经验的人采取特殊措施切断电源。

3. 触电急救措施

（1）对触电后神志清醒者，要有专人照顾、观察，情况稳定后方可正常活动；对轻度昏迷或呼吸微弱者，可针刺或掐人中、十宣、涌泉等穴位，并送医院救治。

（2）对触电后无呼吸但心脏有跳动者，应立即采用口对口人工呼吸；对有呼吸但心脏停止跳动者，则应立刻采用胸外心脏按压法进行抢救。

（3）如触电者心跳和呼吸都已停止，则须同时采取人工呼吸和俯卧压背法、仰卧压胸法、心脏按压法等交替进行抢救。

# 第二节　校园防火安全

大学校园中，火灾一直是威胁学生生命财产安全的重要因素。近年来，大学宿舍频频发生火灾事故，严重影响了教学科研活动的正常进行，同时对学生的人身财产安全造成危害。大学生是校园的主人，预防校园火灾，大学生起着十分重要的作用。我们应该掌握消防知识，提高防火技能，为校园的安全防火尽一份力。

**常见案例**

**<<<<<案例 10-3：教师宿舍失火案** …… …… …… …… …… …… …… …… ……

2016 年 1 月 22 日晚上 9 时左右，某高校教师宿舍客厅发生火灾，客厅内所有的电器设备及高档家饰全被烧毁，直接经济损失近 10 万元。经查，火灾起因为该教师的母亲和小孩在家烤火（电烤炉），婆孙俩出门时，忘记切断电源，引发了火灾。

**<<<<<案例 10-4：学校泵房闪爆案** …… …… …… …… …… …… …… …… …… ……

2001 年 8 月 26 日 17 时，某高校突然停水，致使军训结束后正在洗浴室洗澡的男女新生多有烫伤。接报后，水电维修中心安排水电工王某进入泵房检查。因泵房内断电极其黑暗，王某下意识地从口袋里摸出一支烟，用打火机点烟时，引燃泵房内的可燃气体，发生闪爆，王某当场被严重烧伤。

**案例点评**

大学生在宿舍违规使用大功率电器的现象十分普遍，加上安全意识不强，很容易引发火灾。部分学校消防规章制度不健全，落实不到位，疏于对后勤员工的培训，故而容易发生消防事故。

**知识链接**

1. 火灾及其特性

火灾是指在时间和空间上失去控制的燃烧所造成的灾害。在各种灾害中，火灾是最经常、最普遍地威胁公众安全和社会发展的主要灾害之一。火灾主要具有以下三个特性。

（1）成长性。火灾具有不断发展变化及无限扩大之特性。在不受外力干扰下，燃烧面积约与火灾持续时间的平方成正比。

（2）不安定性。火灾受燃烧物体、建筑物结构及地形地物等各种因素影响，并呈现出复杂性。

（3）偶发性。火灾具有突发性，无法事先预测何时何地会发生。

2. 校园常见火灾类型

校园火灾从发生的原因上可分为电器火灾、生活火灾、自然现象火灾和人为纵火四种类型。

（1）电器火灾。目前，大学生拥有大量的电器设备，大到电脑，小到台灯、充电器、电吹风，还有违规购置的"热得快"、电磁炉等电热器具。学生宿舍由于所设电源插座较少，大学生违章乱拉电源线路现象普遍，不符合安全规范的安装操作致使电源短路、断路、接点接触电阻过大、负荷增大等引起电器火灾的隐患增多。电器设备如果是不合格产品，也是致灾因素。尤其是电热器的大量不规范使用，极易引发火灾。

（2）生活火灾。生活用火一般是指人们的炊事用火、取暖用火、照明用火、点蚊香、吸烟等，由生活用火造成的火灾称为生活火灾。学生生活用火造成火灾的现象屡见不鲜，原因也多种多样，主要有在宿舍内违章乱拉电源线路、电线穿梭于可燃物中间、违反规定存放易燃易爆物品、使用大功率照明设备、用纸张和可燃布料做灯罩，以及躺在床上吸烟、乱扔烟头等。

（3）自然现象火灾。自然现象引发的火灾不常见，这类火灾基本有两种：一种是雷电引发的，一种是物质的自燃。

（4）人为纵火。一般而言，纵火都带有目的性，且多发生在夜深人静之时，有较大的危害性。大学校园人为纵火并不常见，发生原因一般是生活琐事、恶意报复以及精神疾病等。

3. 校园火灾的特点

大学校园是火灾的多发地，常见的校园火灾具有以下几个特点。

（1）火灾事故突发、起火原因复杂。

从时间上看，火灾大都发生在节假日、工余时间和晚间；从发生的地点上看，多发生在实验室、仓库、图书馆、学生宿舍及其他人员往来频繁的公共场所等，还包括存在隐患的部位及生产、后勤服务场所及其出租场所等。这些部位发生的火灾，往往具有突发性。

（2）高层建筑多，火灾预防和扑救困难。

大学校园内高层建筑增多，形成了火灾难防、难救和人员难以疏散的新特点，有的高层建筑还存在消防设备落后、消防投资不足等弊端，这些都给消防安全管理工作带来了一定难度。

（3）容易造成巨大的财产损失。

大学教学、科研、实验仪器设备多，中外文图书、资料多，一旦发生火灾，损失惨重。同时，大学宿舍内多放学生的财物，包括衣物、电脑、钱财等。发生火灾后，会严重影响学生生活。

（4）人员集中，疏散困难。

大学校园人口密度大，集中居住的宿舍公寓多，宿舍公寓内违章生活用电、用火较多，吸烟现象普遍。因用电、用火不慎而发生火灾后，火势得不到控制将很快蔓延，在人员密度大、不能顺利疏散逃生的情况下，难免会造成人身伤亡。

**预防与处理**

"预防为主、防消结合"是与火灾作斗争的两个基本手段。在学校管理工作中，要将火灾预防放在首位，积极贯彻落实各项防火措施，力求防止火灾发生。同时要加强火灾应急处理方法的宣传教育，使学生在面对火灾险情时不急不慌，从容应对。

1. 宿舍火灾的预防

根据以往的火灾事故，宿舍火灾预防主要应做好以下措施。

（1）严格用电管理，加装用电控制设备（电流过大时会自动切断），防止学生在宿舍中使用大功率电器。

（2）要经常检查学生宿舍，防止学生乱拉电线、违规使用电器设备等。

（3）严格危险品管理。特别是燃气设施、酒精、打火机、易燃化妆品等，这些物品储存或使用不当会引起火灾事故。

（4）加强对吸烟的管理。严禁学生在宿舍吸烟，防止因吸烟引起火灾。

（5）加强对动用明火的管理。特别是节假日期间，防止在宿舍燃放烟花鞭炮、点蜡烛、烧垃圾等。

（6）加强对学生的管理教育，学习消防知识，掌握基本的防火、灭火技能。

（7）开展消防培训，组织消防演习。

2. 公共场所火灾的预防

教室、餐厅、图书馆等处人员往来频繁、密度大，公共场所管理松散，部分师生防火意识不强，室内装修使用可燃物质、有毒材料多，用电量高，高热量照明设备多，空间大等，都是严重的火灾隐患。这些地方一旦发生重大火灾，极易造成人员伤亡，特别是群死群伤。因此，大学生在公共场所滞留时，应掌握如下防火知识和方法：

（1）清醒认识公共场所的火灾危险性，时刻提防。

（2）严格遵守公共场所的防火规定，摒弃一切不利于防火的行为。

（3）进入公共场所，首先要了解所处场所的情况，熟悉防火通道。

（4）善于及时发现初起火灾，做出准确判断，能及时扑救的要及时扑救，形成蔓延的要立即疏散逃生。

3. 火灾应急处理方法

火灾的发展过程分为初起、发展、猛烈、下降、熄灭五个阶段，而火灾自救的最佳时间段则是前三个阶段。

（1）初起阶段。一般固体物质燃烧时，15分钟内火灾的面积不大，烟和气体的流动速度比较缓慢，辐射热较低，火势向周围发展蔓延比较慢，燃烧一般还没有突破房屋建筑的外壳。这个阶段要以最快、最有效的方法灭火，同时可用湿毛巾捂住口鼻，及时逃生。如果是电器导致的火灾，首先要迅速切断电源，防止触电。

（2）发展阶段。发展阶段是指从起火点引燃周围可燃物到轰燃之间的过程。此阶段如果公安消防队没有赶到火场，火势将很快转入猛烈燃烧阶段。所以，一旦发现火灾，必须先报警，使消防队员能争分夺秒地赶到火场进行施救，防止火势扩大，造成非常被动的局面。

（3）猛烈阶段。燃烧发展达到高潮，燃烧温度最高，辐射热最强，燃烧物质分解出大量的燃烧产物，温度和气体对流达到最高限度，建筑材料和结构的强度受到破坏，发生变形或倒塌。这个阶段应该选择最佳的疏散路线逃生自救，争取时间尽快逃离现场，切不可为了穿衣或取拿财物而延误逃生的宝贵时间。

4.灭火的方法

（1）隔离法。将着火的地方或物体与周围的可燃物隔离或移开，燃烧就会因缺少可燃物质而停止。实际运用时，可将靠近火源的可燃、易燃和助燃的物品搬走；把着火的物体移到安全的地方；关闭可燃气体、液体管道的阀门，减少和终止可燃物质进入燃烧区域；等等。

（2）窒息法。阻止空气流入燃烧区域，或用不燃烧的物质冲淡空气，使燃烧物得不到足够的氧气而熄灭。如用湿棉毯、湿麻袋、黄沙、灭火器等不燃烧或难燃烧的物质覆盖在物体上，或是封闭起火的船舱，建筑物的门窗、孔洞等和设备容器的顶盖，窒息燃烧源。

（3）冷却法。将灭火剂直接喷射到燃烧物上，以降低燃烧物的温度。当燃烧物的温度降低到该物的燃点以下，燃烧就停止了。或者将灭火剂喷洒到火源附近的可燃物上，防止热辐射烘烤而起火。

（4）化学抑制灭火法。将化学灭火剂喷入燃烧区，使之对可燃物形成化学反应，从而使燃烧停止。

5.身上着火的处理办法

发生火灾时，如果身上着火，千万不能奔跑。因为奔跑时会形成风，大量新鲜空气冲到着火人的身上，火会越烧越旺，并且着火的人乱跑，还会把火种带到其他场所，引燃新的燃烧点。

（1）身上着火时，一般先烧衣服、帽子，这时最重要的是先设法把衣、帽脱掉，如果来不及，可把衣服撕碎扔掉。脱去了衣、帽，身上的火也就熄灭了。因为衣服在身上烧，不仅会使人烧伤，而且还会给以后的抢救治疗增加困难。如化纤服装，受高温熔融后与皮肉粘连，且有一定的毒性，会使伤势恶化。

（2）身上着火，如果来不及脱衣，也可卧倒在地上打滚，把身上的火苗压熄。若有其他人在场，可用麻袋、毯子等包裹着火人把火扑灭，或者向着火人身上浇水，或者帮助着火人将烧着的衣服撕下。但是，切不可用灭火器直接对着人身上喷射，因为多数灭火器内所装的药剂会引起烧伤者的创口发生感染。

（3）如果身上火势较大，来不及脱衣服，旁边又没有其他人协助灭火，附近有水池、河流时，可直接跳入灭火（虽然这样做可能对后来的烧伤治疗不利，但是，至少可以减轻烧伤程度和面积），但不会游泳、不懂水性的人不要这样做。

6. 火场逃生方法

（1）迅速撤离法。当进入公共场所时，要留意其墙上、顶棚上、门上、转弯处设置的"太平门""紧急出口""安全通道"等疏散指示标志，一旦发生火灾，按疏散指示标志方向迅速撤离。

（2）低身前进法。由于火灾发生时烟气大多聚集在上部空间，因此在逃生过程中应尽量将身体贴近地面匍匐或弯腰前进。

（3）毛巾捂鼻法。火场上的烟气温度高、毒性大，吸入后很容易引起呼吸系统灼伤或人体中毒。疏散中应用浸湿的毛巾、口罩等捂住口鼻，以起到降温及过滤的作用。

（4）厚物护身法。确定逃生路线后，可用浸湿的棉被或毛毯、棉大衣盖在身上，以最快的速度钻过火场并冲到安全区域。不能用塑料或化纤等类物品来保护身体，否则会适得其反。

（5）跳板转移法。可以在阳台上、窗台、屋顶平台等处用木板、木桩、竹竿等有承受力的物体，搭至相邻单元或相邻建筑，以此作为跳板转移到相对安全的区域。

（6）管线下滑法。当建筑物外墙或阳台边上有落水管、电线杆、避雷针引线等竖直管线时，可借助其下滑至地面，同时应注意一次下滑时人数不宜过多，以防止逃生途中因管线损坏而致人坠落。

（7）结绳自救法。家中有绳索的（或将床单、被罩、窗帘等撕成条，拧成麻花状），可直接将其一端拴在门、窗档或重物上，沿另一端爬下。逃生过程中，脚要成绞状夹紧绳子，双手交替往下爬，并尽量用手套、毛巾将手保护好。

（8）器械逃生法。有条件的家庭可以利用平时准备的家用缓降器等专用救生设备逃生。

（9）信号求救法。在等待救援的过程中，应通过大声呼救、挥动布条、敲击金属物品、投掷软物品等方式引起救援人员的注意；夜间可用手电筒、应急灯等能发光的物品发出信号。

（10）空间避难法。在暂时无法向外疏散时，可选择卫生间、厨房等空间小且有水源和新鲜空气的地方暂时避难。将毛巾等棉织物塞进门缝阻挡烟气，在地面上泼水降温，等待救援。在消防队员到来后，可通过搭乘消防云梯、救生直升机或利用救生气垫逃生。

7. 灭火器的使用方法

（1）干粉灭火器。干粉灭火器使用方便、有效期长，一般家庭使用的灭火器多属于这种类型。它适用于扑救各种易燃、可燃液体和易燃、可燃气体火灾以及电器设备火灾。干粉灭火器使用方法很简单，使用前先拔下保险插销，颠倒摇晃几次灭火器后，将喷射口对准燃烧物压握把手即可。

（2）泡沫灭火器。泡沫灭火器适用于扑救各种油类火灾和木材、纤维、橡胶等固体可燃物火灾。使用该灭火器时，将其倒过来稍加摇晃，药剂即可喷出。使用泡沫灭火器时应该注意，人要站在上风处，尽量靠近火源，因为它的喷射距离只有2～3米，要从火势蔓延最危险的一边喷起，然后逐渐移动，注意不要留下火星。

（3）二氧化碳灭火器。二氧化碳灭火器灭火性能高、毒性低、腐蚀性小且灭火后不留痕迹，使用比较方便。它适用于各种易燃、可燃液体和气体火灾，还可扑救仪器仪表、图书档案和低压电器设备以及600伏以下的电器初起火灾。二氧化碳灭火器有开关式和闸刀式两种。使用时，先拔去保险销，站在火源上风口，然后一手握住喷射喇叭上的木柄，一手按动鸭舌开关或旋转开关，对准火源进行灭火。需要注意的是，闸刀式灭火器一旦打开后，就再也不能关闭了，手要握住喷嘴木柄，以免被冻伤。

（4）1211灭火器。1211灭火器（卤代烷灭火器）主要适用于扑救易燃可燃液体、气体、金属及带电设备的初起火灾；扑救精密仪器、仪表、贵重的物资、珍贵文物、图书档案等初起火灾；扑救飞机、船舶、车辆、油库、宾馆等场所固体物质的表面初起火灾。1211灭火器的使用方法与干粉灭火器相同。

8. 烧伤紧急处理方法

烧烫伤紧急处理的五个步骤是冲、脱、泡、包、送。

（1）"冲"是指烧烫伤后立即脱离热源，用流动的冷水冲洗创面，降低创面温度，减轻高温进一步渗透所造成的组织损伤。

（2）"脱"是很多人都易忽视的。如果是被开水烫伤，衣服上仍然有较高的水温，不脱去衣服，相当于没有脱离热源，仍然会加重伤情。所以边冲边脱衣服是正确的处理方法。

（3）"泡"是指脱下衣服后要继续把伤口浸泡在冷水中。浸泡冷水可持续降温，减轻伤处的疼痛，避免起泡或加重病情。如果出现小水泡，不要弄破，由医生处理。

（4）"包"就是包裹伤面，送医院之前一定要包裹伤面，例如裹上一块干净的毛巾，切忌滥涂抹"药膏"。

（5）"送"就是送医就诊，寻求医生的救助。

# 第十一章　交通安全

近年来，高校与社会的交流越来越频繁，校园内人流量和车流量急剧增加，无论是校内还是校外，导致大学生伤亡的交通事故时有发生。要做到交通安全，最重要的是严格遵守国家的交通安全法规，掌握一定的交通安全知识，树立交通安全意识。

## 第一节　行路安全

行路安全是指步行安全，即大学生在校园道路上行走或是在校外逛街过马路的安全。大学生在行走时一定要关注交通状况，遵守交通规则，不要随意横穿马路或逆向行走，避免被来往车辆撞伤。

### 常见案例

**<<<<案例 11-1：大学生违章横穿马路被撞案** ……………………………

2009 年 6 月 12 日，某高校大三学生李某在违章横穿校外某城市干道路段时，被过往车辆撞断右小腿，身上多处擦伤，住院费及后期美容费等共花费 4 万余元。

**<<<<案例 11-2：大学生校外被撞案** ………………………………………

2012 年 9 月 23 日晚上 7 时许，某高校 2012 级学生巴某（男）、叶某（女）两人从该校新校区步行回老校区。当他们行走至某广场十字路口时，因未及时查看来往车辆且未走在人行道上，发生交通事故。两人被同一辆小车撞伤，巴某腰椎骨折，叶某手肘关节处骨折，保险公司赔付了 11 万余元的医疗、营养等费用。

## 案例点评

少数学生总是喜欢在汽车前、后急穿马路，或随意闯红灯通行，这极易发生行人交通事故。

## 知识链接

1. 行路安全事故发生的原因

（1）注意力不集中。

（2）在路上嬉戏打闹，或进行球类运动。

（3）交通安全意识差，随意穿行马路。

2. 横过马路的禁忌

横过道路途中若遇到有车辆驶近时，应按照当时的环境停步；不要突然加速横穿或后退、折返，尽量让驾驶人知道自己的去向。如果因车辆多而一时在横过道路途中受阻，可将路中央的分界线作为紧急停留的地方；切忌不看身后而直接后退，因为身后很可能有已经驶近或正在驶近的车辆，导致发生交通事故。

横过有绿化带隔离的机动车和非机动车道，在没有行人过街设施的情况下，要选择没有绿篱笆遮挡、视线开阔、具有安全通行条件的路段穿越，不能从绿化带中突然走出，这样极易被疾驶而过的汽车撞上。因为有绿篱笆遮挡视线，司机难以准确判断是否有行人横穿；有时即使发现有人横穿，也会由于车速快而来不及采取避让措施。

## 预防与处理

1. 如何确保行路安全

（1）在道路上行走，须走人行道；没有人行道的道路，要靠路边行走。

（2）在通过有交通信号的人行横道时，按信号提示行进，不能闯红灯。

（3）横穿有隔离栏的马路时，除按信号提示安全通过人行横道外，还可走过街天桥或地下通道，严禁贪近而跨越隔离栏。

（4）横穿黄灯闪烁的人行横道时，要环视四方，注意左右来往或拐弯的车辆，在确认安全的情况下快步直行，不要斜行或猛跑急停。

（5）走路要专心，玩耍、逗闹、看书、聊天都会影响对路况的判断，从而增加危险。

（6）遇到车辆、人流高峰时，应时刻小心，切不可向前拥挤，更不可在机动车之间穿行。

（7）晚间行路选择有路灯的马路时，须提防停在路边的车辆突然启动。

（8）在雨天、雾天或雪天行路时，应增强判断力，做出及时的反应，使机动车司机及早发现。要小心路边的无盖窨井，否则容易坠入。

2. 行人交通事故应急措施

（1）行人与机动车发生事故后，应立即报警，并记下肇事车辆的车牌号，等候交通警察前来处理。

（2）行人被机动车严重撞伤时，驾车人应立即拨打110、122报警，并拨打120求助，同时检查伤者的受伤部位，并采取初步的救护措施，如止血、包扎或固定。应注意保持伤者呼吸通畅。如果呼吸和心跳停止，应立即采用心肺复苏法抢救。

（3）行人与非机动车发生交通事故后，在不能自行协商解决的情况下，应立即报警。

（4）遇到撞人后驾车或骑车逃逸的情况，应及时追上肇事者。在受伤的情况下，应求助周围群众拦住肇事者。

（5）发生重大交通事故时，伤者很可能会脊椎骨折，这时千万不要翻动伤者。如果不能判断脊椎是否骨折，也应该按脊椎骨折处理。

## 第二节　骑行安全

大学校园面积较大，宿舍与教室、图书馆等之间的距离较远，所以许多大学生以自行车、电动车来代步，校园骑行逐渐成为大学校园里的一道风景线。在课余时间，许多大学生还喜欢选择骑车出行游玩，交通事故时有发生，存在较大安全隐患。

**常见案例**

<<<<案例 11-3：大学生骑车被撞受伤案 ………………………………………

2011年5月11日19时30分左右，某高校2009级女学生张某、李某搭乘某学校一秧姓男生摩托车去看篮球赛，在途经一交叉路口时，撞上一辆左转弯小型货车的右后保险

杠，发生交通事故。事故导致张某右小腿两根胫骨粉碎性骨折，李某、秩某多处擦伤。经初步调查，秩某无驾驶证、行驶证，未按规定戴安全帽且超速行驶（车速在70码左右），应负主要责任。因秩某无经济赔偿能力，张某又没有参加学校统一组织的意外伤害保险，张某不得不自行承担个人所有医疗费用。

#### <<<<<案例 11-4：大学生情侣骑车被撞身亡案 …………………………

2012年6月10日20时许，在南方某市大学城外环线上，一辆小汽车与同向行驶的一辆自行车相撞。警方接到报警后立刻赶赴现场，经医务人员确认，骑自行车的吴某与乘客李某当场死亡，两人系一对大学生情侣。小汽车驾驶人员陈某头部受轻伤，无生命危险。

#### 案 例 点 评

摩托车和自行车是大学生主要的交通工具，但其结构相对简单、稳定性差，是交通工具中的弱者，加上很多学生无证驾驶，车辆老旧，极易发生骑行交通事故。

#### 知 识 链 接

1. 自行车

自行车，又称脚踏车或单车，通常是二轮的小型陆上车辆。人骑上车后，以脚踩踏板为动力，是绿色环保的交通工具。骑自行车出行方便自由，且很环保，不会给环境造成污染，符合现代低碳环保的理念，同时还能锻炼身体，是一举多得的理想交通方式。

2. 骑行出门的好处

（1）骑自行车是克服心脏功能毛病的最佳运动之一。世界上有半数以上的病人死于心脏病，骑单车不仅能借腿部的运动压缩血液流动，以及把血液从血管末梢抽回心脏，同时还能强化微血管组织，使青春永驻。

（2）习惯性地骑车运动有助于扩张血管，否则血管愈来愈细，心脏会愈来愈退化。骑自行车是需要大量氧气的运动，可促进血液循环。

（3）骑车运动能防止高血压，还能防止发胖、血管硬化，并使骨骼强壮。

（4）自行车是减肥的工具。根据统计，75公斤重的人，每小时以15千米的速度骑120千米，可减少半公斤体重，但必须持之以恒。

3. 安全骑行要领

无论是骑车外出游玩，还是在校内骑车代步，大学生们都必须注意交通安全，了解最基本的骑行安全常识，做到安全骑行。

（1）着装要专业。

骑自行车最好佩戴头盔、穿着骑行服。一身专业装备会让你享受到很多优待，交警会挡住机动车让你先行通过，卡车司机会主动减速，友好地给你让路。

（2）安装尾灯。

天色变暗时，尾灯必须打开，在没有专用非机动车道的路段，白天也要打开尾灯。在混合车道骑自行车的时候，司机有可能看不见你，闪烁尾灯则有助于提醒汽车司机注意你的存在。

（3）超车看后方。

在机动车和非机动车混合的车道上骑自行车时，如果你准备变线或者从外侧超车，一定要先回头看清后方的情况。而且回头的幅度一定要大，最好是把整个上半身夸张地转过来。这样做不但可以使你更清楚地看清后面，最关键是让后面的机动车司机能够清楚地知道你的意图，提前有所准备。

转弯不但要回头看，还要按照交通规则打转向手势。但是，转身向后看要先确认前方不会有物体。

（4）保持安全距离。

从任何停止的车辆边经过时，一定要保留 1.5 米以上的安全距离。如果道路太窄无法保留足够的安全距离，就需要把速度降到 15 千米/时以内，同时，要提前通过车窗和车辆的反光镜观察车内人的动作。

（5）十字路口要注意。

通过十字路口时，先看有没有准备右转的机动车。机动车司机往往想象不到你的速度，总想抢在你前面右转，而且很多司机不打转向灯。

（6）门口区域提高警惕。

道路右边的小区门口、单位门口和小巷子口、弄堂口，是比十字路口更危险的地方。从这些地方突然驶出的车辆、疾出的行人，因为路口很窄而无法提前观察。通过这些路口时，应提前做好所有的准备。

预防与处理

1. 发生骑行交通事故的注意事项

（1）及时报案。无论是在校外还是校内，一旦发生交通事故，首先应做的是及时报案，这有利于事故的公正处理，千万不能与肇事者"私了"。若在校外发生交通事故，除了及时报案外，还应该及时与学校取得联系，由学校出面处理有关事宜。

（2）保护现场。事故现场的勘察结论是划分事故责任的依据之一，如果没有保护好现场，会给交通事故的处理带来困难，造成"有理说不清"的局面。

（3）控制肇事者。如果肇事者想逃脱，一定要设法控制；如自己不能控制，可以发动周围的人帮忙；如果实在无法控制，要记住肇事车辆的车牌号等特征。

2. 骑行意外情况的处理方法

（1）体外擦伤。如果受伤程度较轻或只是体外擦伤，则用酒精棉球清洗伤口，一般不用包扎。如果伤口比较深，消毒后最好上一点云南白药并进行包扎。对于撞击所引起的肌肉疼痛，可以用扶他林、云南白药喷剂处理，或者口服散力痛。

（2）骨折。如果摔伤比较严重，要先打电话或者采用其他方式求救，等待救援的过程中应仔细观察伤者的伤势。如果出现骨折的情况，则先给伤者进行简单的固定，通过固定骨折部位来减少对肌肉和神经的损伤。固定时最好用硬物如木板、比较直的树枝等做夹板，将骨折部位捆绑在上边。夹板应该比与骨折部位相邻的上下两关节之间的距离长一些。

（3）伤势严重。如果伤者出现昏迷、大量出血、呼吸停止的现象，一定要对伤者进行一些紧急处理。首先要通过轻拍患者肩部或者面部查看患者的反应，判断伤者是否有意识。如果伤者的姿势是俯卧的，要用正确的方法使伤者"仰卧在坚硬平面"上，并清理伤者口鼻中的污物，使头稍稍向下，以便呼吸顺畅。如果探测不到伤者的呼吸及心跳，要及时进行人工呼吸及胸外心脏按压。在这个过程中需要注意的是，不要搬动伤者，如果是出于急救的需要，应遵循以下的方法：抢救者跪在患者一侧的肩颈部，将其两上肢向头部方向伸直，然后将离抢救者较远的小腿放在邻近的小腿上，两腿交叉，再用一只手托住患者的头颈部，另一只手托住患者远端的腋下，使头、颈、肩、躯干成一个整体，同时翻转成仰卧位；最后，将其两肩还原放回身体两侧。此外，在急救的过程中要注意保护脊柱，避免脊椎受伤或病情进一步加重。

（4）中暑。夏季骑行容易出现中暑的情况，中暑的症状是突然头晕、恶心、昏迷、无汗或湿冷、瞳孔放大、发高烧。为了预防中暑可以采取以下措施：穿浅色衣服，不戴头盔时最好戴一顶隔热草帽，中午要休息，多喝盐开水，带上仁丹、清凉油、藿香正气水等防暑药物。

中暑发病前常感口渴头晕、浑身无力，眼前阵阵发黑，此时应立即在阴凉通风处平躺，解开衣裤带，使全身放松，服用十滴水、仁丹等药。发烧时可用凉水浇头，或冷敷散热。如昏迷不醒，可掐人中穴、合谷穴。

（5）抽筋。造成抽筋的原因除了热身运动时间不够外，也可能是骑车姿势不对。预防抽筋的方法是，起步时不要太快，做好热身运动；上坡时不要焦躁，使用比较轻的传动比，养成良好的骑行习惯。如果出现抽筋，可通过拉直抽筋部位来恢复。

## 第三节　驾驶安全

在各类意外事故中，以车祸占首位，占意外死亡总数的 50％以上。仅以汽车交通事故为例，全世界因交通事故而死亡的人数已超过 3000 万人，比世界大战所死亡的人数还多。我国城市每万辆车死亡率为 6.2 人，与国外相比较，为日本的26.5倍，美国的17.8倍。若以万辆车的死亡率作比较，则我国车祸的发生率和死亡率皆居世界之首位。由此可见驾驶安全的重要性。

### 常见案例

<<<<<案例 11-5：大学老师交通肇事案 ...............................................

2014 年 4 月 9 日 23 时 50 分左右，某高校教师何某酒后驾车从学校外出，行驶至一处公共汽车停靠站时，因车速过快，临危处理不当造成交通事故，致 1 人死亡，1 人重伤。发生交通事故后，何某因酒后神志不清，没有及时停车抢救伤者而是驾车逃逸。当晚，何某因涉嫌酒后驾驶、交通事故肇事逃逸等罪名被公安交警部门立刑事案件调查，面临着刑事追责和巨额民事赔偿的严重后果。

<<<<<案例 11-6："我爸是李刚" 车祸案 ...............................................

2010 年 10 月 16 日 21 时 30 分左右，李某某驾驶一辆黑色迈腾轿车在某高校校区内撞倒两名女生，致一死一伤。肇事后司机不但没有停车，反而试图驾车逃逸，在学校门口被保安和学生拦截。该肇事者不但没有关心伤者，甚至态度冷漠嚣张，高喊："有本事你们告去，我爸是李刚！"后经证实了解，该男子父亲李某是某市某公安分局副局长。交警随即对肇事司机进行抽血检测，显示酒精含量为 151 毫克/毫升，鉴定为醉酒驾驶。

10 月 24 日，犯罪嫌疑人李某某因涉嫌交通肇事犯罪，被该县人民检察院依法批准逮捕。案发后，李某某的父亲李某积极赔偿死者家属 46 万元，伤者 9.1 万元，取得了被害方谅解。2011 年 1 月 30 日，李某某交通肇事案一审宣判，法院以交通肇事罪判处李某某有期徒刑六年。"我爸是李刚"语句也迅速成为当年网络最火的流行语。

## 案例点评

上述两个案例告诫我们，开车不喝酒，喝酒不开车。发生交通事故，车辆驾驶人应当立即停车，保护现场。造成人员伤亡的，车辆驾驶人应当立即抢救受伤人员，拨打120急救电话，并迅速报告执勤的交通警察或者公安机关交通管理部门，切记不可抱有侥幸心理。

## 知识链接

安全驾驶须知：

（1）遵守交通法规，持证驾驶。

（2）机动车驾驶者应自觉遵守道路交通管理法规，文明开车，不开违章车。

（3）经常做好车辆保养，不开带病车。

（4）注意劳逸结合，不开疲劳车。

（5）不开斗气车，不做"路怒狂"。

## 预防与处理

万一发生交通事故，作为驾驶人，应该遵循以下规则：

（1）保护现场，不要挪动车辆和受伤人员。

（2）初步判断现场责任。

（3）122报警。

（4）全责方致电自己的保险公司出险。

（5）双方协调是否需要快速理赔。

（6）如果警察出警，留好事故责任认定书。

（7）如果协商赔偿或快速理赔，一定要对方留下押金，现金最好，驾驶证副本互换也可。

（8）保证自己手续齐全的情况下，尽量不要私了。

（9）弄不清事故造成的经济损失时，致电购车的4S店，询问工作人员。

（10）最重要的一点：千万不能慌张。

## 第四节　乘车安全

大学生在空余时间进行购物、观光、访友，或离校、返校、参加社会实践活动、求职等时，需要乘坐各种交通工具。而大学生因乘坐交通工具发生交通事故的情况也时有发生，有时甚至造成群体性伤亡，教训十分惨痛。

**常见案例**

<<<<<**案例 11-7：大学生搭乘黑车出游受伤案** …………………………………

2008 年 4 月 25 日，某高校 3 名学生在某黑车司机的诱惑下，贪图便宜迅捷，在客运中心坐上了一辆开往某景点的黑车。结果汽车刚开出闹市区，司机为了节省时间多跑几趟，便超速行驶赶往目的地。在超车的时候与一辆大卡车相撞，3 名学生受伤，黑车司机对伤者却不闻不问。事后，学生们说起此事时非常气愤："我们谈好的价钱是 30元，两车相撞后，我们 3 人都受了伤，司机却一直逃避责任。我们看病、住院的费用都是自己支付的，这两天司机干脆连我们的电话都不接了。"

<<<<<**案例 11-8：女大学生搭乘黑车被抢案** …………………………………

2015 年 9 月 29 日 23 时 50 分左右，某高校大一女生廖某，从学校小门口搭乘一辆无牌黑车去火车站。黑车司机将她带到偏僻处后对其实施了抢劫，并将其丢在离市区约 10 千米的荒郊。廖某被抢苹果 6 手机一部，联想手提电脑 1 台，现金 1200 余元，合计 11000 余元。

**案例点评**

黑车驾驶员一般未经过客运服务培训，缺少客运服务的意识和职业道德，他们考虑最多的往往是经济效益，安全意识不强。黑车一般车况差，不会定期维修保养，存在许多安全隐患，事故发生率高。黑车无运营保险，乘客人身安全得不到保障，一旦发生事故，乘客得不到应有的赔偿。黑车有时会宰客、弃客，乘客甚至会有被劫财劫色的危险。

1. 坐汽车可能发生的危险

随着经济的发展和交通事业的进步，汽车已成为人们日常最主要的交通工具。尤其是节假日外出旅游，汽车更是人们的首选。坐汽车可能发生的危险主要有以下几个方面。

（1）撞车。

由于路况不良、车速过快或其他原因发生的交通事故中以撞车最为常见。撞车的情况也是五花八门，有两车对撞、追尾、避让不及以及与路旁路障相撞等。不管什么形式的撞车，对车内的乘客都会造成较重的伤害。严重的撞车事故往往会造成车毁人亡的惨剧，尤其是汽车与火车相撞、汽车与汽车在恶劣地形下的相撞更是损失巨大。

（2）翻车。

翻车事故是指没有外来因素或外来因素没有直接作用于本车，本车在弯道、桥梁、山路等路段下的自我颠覆事故。

（3）失火。

汽车火灾事故并不少见，客车中发生的火灾往往是旅客携带的易燃易爆品，在车辆运行当中由于颠簸、震动发生了燃烧或爆炸引起的，也有的是因为吸烟引燃了车内的汽油蒸气而形成火灾，还有的火灾是由于汽车油箱渗漏被汽车电路火花引燃所致。

2. 坐汽车应注意事项

（1）学生坚决不要乘坐黑车，出行应选择合法正规的交通工具，提高安全意识，消除安全隐患。

（2）无论乘坐什么车，在车辆行驶过程中不要把头、手、胳膊伸出窗外，以免被对面来车或路边树木刮伤。也不要向车外乱扔垃圾、杂物。

（3）乘坐小轿车、客车时，应系好安全带。

（4）尽量避免乘坐于货车车厢内，因为货车车厢仅为装卸货物方便而设计，没有考虑乘客安全而设置扶手、座位等设施。车辆转弯时的离心作用或因车身颠簸有可能将人甩出车外，乘车人也容易被车外物体刮碰。

（5）乘坐长途汽车应注意以下情况：

①尽量不要睡觉。人在头脑清醒的时候，即使没有思想准备，遇到意外情况，敏锐的神经反射也会使人在短暂的瞬间做出自我保护的举动。

②用手扶住前排靠椅或栏杆，背向后靠，脚在前方有可以抵踩之处时尽可能踩住，这样，既有了抵挡惯性的用力点，又有了较大的向前冲击的空间，可以大大减轻甚至避免伤害。

## 预防与处理

事故的发生往往是比较突然的，司机平时可在车上备几样急救物品以防不测，如木板、绷带以及清洁的毛巾等。万一发生车祸受伤，在没有专业救护人员在场的情况下，可采用相应措施进行急救。

1. 头部外伤急救

头部受外伤后，不容易立即看出出血点。病人常用手捂着头，但压不住出血点，血还照样流出来。其实，只要在血迹最多的地方将头发分开，就能发现出血点。然后用手指压住出血点一侧的皮肤或压住伤口四周的皮肤，即可止血。如果伤口较大，应将干净手绢叠层放在出血点上方，用手指压紧进行止血，然后去医院就医。

2. 手外伤急救

如被重物压伤或被硬物打伤，皮肤大多不会破，但会出现皮下淤青或血肿，此时用冷毛巾或冷水袋外敷半小时左右，能防止血肿增大，减轻疼痛。若手指甲下出现血肿，可用烧红的回形针在指甲血肿部位扎小洞，使积血从洞中流出，然后贴上胶布，以止痛和保护指甲不脱落。

3. 胸部外伤急救

（1）胸部开放伤要立即包扎封闭（不要用敷料填塞胸腔伤口，以防滑入）。

（2）清除呼吸道的血液和黏液，在条件许可的情况下进行紧急气管切开。

（3）多根肋骨骨折且有明显的胸壁反常呼吸运动时，用厚敷料或急救包压在伤处，并以胶布绷带固定。

（4）送胸部伤患者去医院急救时，应取 30 度的半坐体位，并用衣被将伤员上身垫高，有休克现象时可将下肢抬高，切不可采取头低脚高姿势。

4. 烧伤急救

（1）迅速远离车祸现场并脱去着火的衣物，或用冷水浇灭火，或就地滚动。

（2）用大衣、棉被、毯子覆盖使火熄灭，或直接滚、跳入水池或水沟内灭火。

（3）烧伤创面用清水冲洗后，用干净布包扎创面，防止感染。眼部烧伤时，用生理盐水冲洗，取去异物并滴 0.25％氯霉素眼液。

（4）手足烧伤包裹时，应将指（趾）分开，以防粘连。

（5）出现二、三度烧伤时，及时送医院救治，途中少颠簸，并要保暖，并进行吸氧和输液。

# 第十二章　就业安全

近年来，随着大学毕业生数量的增加，大学生就业压力不断增大，随之产生的安全问题也越来越多。一些骗财骗色的职业陷阱让求职学生蒙受了重大损失，有些人甚至误入传销公司后身心受到严重摧残，把性命都丢了。

大学毕业生在由学生转变为职业人的过程中，更要学会独立生活，自我防范，确保人财物的安全，实现平安就业。本章针对大学生在就业、择业活动中应注意的安全问题进行探讨，培养大学生安全就业意识，帮助大学生实现安全就业。

## 第一节　兼职安全

大学生为了尽快适应社会，增加社会经验，往往寻求社会兼职。但在社会兼职过程中，安全这根弦不能松。

**常见案例**

**<<<<<案例 12-1：大学生应聘工作受骗案** ………………………………………………

小王是某大学的三年级学生，暑假期间，他在网络上看到某五星级大酒店招服务员。面试时，招聘人员推托人员过多，于是在大厅简单面试便通过了。之后招聘人员要求小王交 200 元的工作服钱和 200 元的手机费。当小王再次打电话给此人时，此人却说要小王再交 580 元才能获得工作机会，这时小王才发现自己被骗了。

<<<<<案例 12-2：大学生校外兼职被骗案 ……………………………………………

22 岁的小夏是某高校三年级学生。2013 年 4 月 12 日下午 5 点，小夏接到一个自称是某某广告传媒有限公司员工的电话，男子说自己叫李某，可提供兼职工作，工资是每小时 70 元加提成，结工资时还会付通信费。小夏没仔细想，觉得这么好的事，做几天的话能赚点生活费。于是赶紧在自己的 QQ 群里说了这事，召集了一部分人。在工作结束后，李某承诺在 25 日之前把工资发放给大家，并登记了每个人的银行账户。但是过了约定日期，李某就再也联系不上了，小夏打电话到该传媒公司，才发现这个李某只是中间人，他在拿了公司发给学生们的工资后就逃跑了。

**案例点评**

大学生兼职经常受骗而无法维权，根本原因在于无法取证。相关法律专家建议，大学生兼职前最好能够与商家签订协议。

**知识链接**

1. 大学生常见兼职的种类及其优缺点

大一期间，各个学校的课程设置一般以公共基础课为主，强度不大，时间也比较充裕。在课余时间，同学们可以做做兼职来充实生活，这不仅能积累一些工作经验，还有利于提高应变能力、心理承受能力，拓宽人际关系网，从而丰富人生阅历。

（1）家教。

家教工作适合某一门或几门学科功底扎实、善于沟通、讲解能力较好的同学。随着近期小语种学习热潮的兴起，各小语种专业的同学找家教会有更多机会。

优点：工作时间固定，工作环境相对安静，且待遇不菲。既可用到自己的知识储备，又可接触社会，锻炼口头表达、思维和应变能力。

缺点：单纯重复以前的知识，对专业学习和动手能力的提高没有太大作用。

应聘途径：经过学校勤工俭学中心介绍，或到学校周边的家教中心寻找工作信息。街边随意张贴的广告不可盲目相信。

（2）导游。

在旅游业日益发展的背景下，导游逐渐成为大学生兼职的"新贵"，在考取导游证之后即可联系旅行社开始带团。

优点：工作时间弹性大，可以选择在周末或假期带团，不会与学习时间冲突。报酬较丰厚，还可以在工作中广交朋友。

缺点：工作强度大，有时一天只能休息三四个小时，精力、体力消耗很大，身体素质不好的同学最好不要尝试。

（3）促销员。

优点：企业多利用周末和假日进行产品促销，一般不与学习时间冲突。与人沟通的能力和耐力能得到很好的锻炼。由于短期促销以在校大学生为主，因此参与其中可以结识很多同龄朋友。

缺点：有的促销劳动强度较大，须从早站到晚，要求有一定耐力和体力。

应聘途径：到信誉良好、具有一定规模的大学生兼职中心联系即可。

（4）礼仪。

优点：薪酬较高，能够接触高层社会，在一定程度上会激发人的上进心。工作前一般要接受严格的形体培训，对自身形象塑造大有益处。

缺点：越是光鲜的舞台，背后的风险和付出的代价就越大。如果没有足够的安全保障，应持谨慎态度。

（5）翻译。

适合语言类专业学生，对外语水平要求高。对于口译人员，有些还会要求外貌端庄大方。

优点：可以锻炼自己的外语水平，工作时间十分灵活。学习与赚钱同步进行，在寒冬炎夏不需出门便可获得丰厚报酬。

缺点：有的企业会以稿件质量不过关为由拒付稿酬。对个人能力要求较高，有时薪金与付出不成正比。

应聘途径：可以关注电视、报纸、杂志及人才招聘网站上的招聘广告，找具有一定规模、可信的翻译公司。每次翻译材料之前要签劳动合约，报酬最好分两次取得，译前拿一部分定金，译后一手拿钱一手交稿。

（6）服务生。

优点：必胜客、肯德基、麦当劳等快餐店品牌形象良好，是认识社会的一个好窗口。工作要求时刻保持微笑，身心自然变得开朗。对反应能力、记忆能力的提高有较大帮助。

缺点：薪水不高，一般为 8～12 元/小时。连续工作达 4 小时会供应一顿免费午餐。劳动强度较大，须"马不停蹄"地工作，如果不小心与顾客发生冲突则会被重罚。

应聘途径：必胜客、肯德基招计时工一般会在店外贴招聘启事，如有这方面意向的学生，可以留意周围相关快餐店，也可以登录肯德基等的专门网站寻找招聘信息。

（7）实习。

大学生在掌握一定的专业知识后便可以积极"推销自己"，到与专业相关的单位实习。毕竟上大学的目的之一是要找一份个人喜好的工作，实习就是为了实现这一目的所做的准备。如果所学的是新闻、计算机等需要较强实践能力的专业，实习的重要性更是不言而喻。在实践中学习，学以致用，知识会掌握得更加牢固。

2. 常见的兼职骗术

兼职不仅仅是挣钱的方式，更是大学生接触社会、增长阅历的途径，因此不能被高薪蒙蔽了双眼，要时刻保持清醒的头脑和理智，加强法律意识和自我保护意识，才能在兼职途中一帆风顺。下面介绍几种常见的兼职骗术。

（1）黑中介。

社会上仍存在不规范的中介机构，这些不良中介一般具有以下几种特征：

①没有营业执照或营业执照过期；

②没有固定的办公场所；

③常常是在经营其他项目时兼营中介。

此类"黑中介"利用学生涉世未深、求职心切，或夸大事实，或无中生有，以"某某企业急招兼职者"为幌子引诱学生前来报名，收取中介费，学生一旦交完费，"信息"则遥遥无期；或者找几个人做"托"让学生前去联系。几趟下来，学生打工热情锐减并对社会实践感到一片茫然。

应对策略：一定要到有资质、信誉好的正式职介中心找工作。进门时要看该职介所是否有劳动行政部门颁发的职业介绍许可证和工商部门颁发的营业执照，具备这两个证的职介所，才可以从事职业介绍的工作。

（2）收取抵押金。

一些用人单位在招聘时，往往收取不同金额的抵押金或收取身份证、学生证作为抵押物。通常，这类骗局在招工广告上称有文秘、打印、公关等比较轻松的岗位，或是以优厚的报酬等吸引大学生，求职者只需交一定的保证金或者其他一些费用，如服装费、建档费等即可上班。但往往是学生交钱后，招聘单位又推托目前职位已满，要学生回家等消息，然后便石沉大海。

应对策略：用人单位私自向求职者收取抵押金属于违法行为。有关法规明确规定，用人单位在招用职工时，不得向求职者收取抵押金，更不能扣留身份证、学生证等证件作为抵押物。学生在求职时要增强法律意识，以法规为依据，对违法行为予以回绝和揭发。同时，应主动与用人单位或个人签订合同，维护好自己的权益。

（3）娱乐场所高薪招工。

有的娱乐场所以特种行业的高薪来吸引求职者。工种有代客泊车、侍者，有的甚至从事不正当交易，年轻学生到这些场所打工，往往容易误入歧途。

应对策略：学生要根据自身的条件选择适合自己的职业。专家建议，中专、高中学历的学生可以选择在超市、商场做商品促销员或到快餐店做服务生，不太适宜选择去酒吧、迪厅等娱乐场所打工。大学生可以选择正规的娱乐场所打工。

## 预防与处理

兼职防骗技巧：

（1）不要将个人的有效证件借给他人，以防被冒用。

（2）不要将个人信息，如存折（金融卡）密码、住址、电话、手机号码等轻易告诉他人，以防被人利用。

（3）不可轻信陌生人，不要将钱物借出。

（4）防止以"求助"或利诱为名的诈骗行为，一旦发现可疑情形，应及时向父母、老师或保卫处（派出所）报告。

（5）切不可轻信张贴广告或网上勤工助学、求职应聘等信息。

## 第二节 就业陷阱与防范

随着大学毕业生就业竞争加剧，有些不法分子往往利用大学生社会经验的不足以及求职心切，设下种种陷阱让大学毕业生来钻。大学毕业生不可不防。

### 常见案例

#### <<<<<案例 12-3："变脸"的传销案 ...........................

某大学毕业生小李参加了招聘会后，很快就收到某企业的录用通知。对方告诉他，上班时要带 1 万元现金，以便异地安排生活。到企业不久，企业又以办理证件为由拿走他的身份证，要求再交 8000 元的培训费。培训会现场，听了十多分钟，就发觉不对劲，那个场面就像是电视上播出的传销现场。他不相信一年能挣 100 万元的谎言，也没有按照传销人员的要求发展下线。幸运的是，该传销组织很快被警方查处，他也得以脱身。

#### <<<<<案例 12-4：求职押金陷阱案 ...........................

某大学应届毕业生朱某 2 月初在网上看到一则招聘广告：甲公司代理技术人员、管理人员等各种职业的中介服务。很快他就打电话去咨询，对方告诉他什么工作都有，过去就行。朱某向甲公司交了 200 元，公司老板顺手给乙公司写了个纸条：王经理，请帮忙安排朱某担任管理人员。

朱某忐忑不安地赶到乙公司，老板告诉他："先交 300 元押金，明天就安排上班。"收到钱后，老板说鉴于他素质比较高，将其推荐到丙公司。之后丙公司又收了他 300 元，又把他推荐到丁公司，最后丁公司也要收钱。朱某这才如梦初醒，意识到他们是在"雁过拔毛"地相互推荐，强烈要求退款，几个公司却相互推诿、赖账。

### 案例点评

在就业之前，毕业生应调整心态，培养实践能力，多进行社会知识的储备和积累。

同时要全面了解用工单位的真实信息，准确掌握用人单位的职业岗位标准，甚至是招聘的真实动机，避免做"冤大头"。

## 知识链接

1. 就业陷阱

就业陷阱又称求职陷阱，一般是指犯罪分子利用人们求职心切而采用非法手段，骗取求职人员的财物、个人信息或者低廉甚至免费劳动力的现象。

2. 就业陷阱的特点

（1）设置陷阱的目的明确，一般以敛取钱财、廉价征用劳动力和赚取毕业生智力资源等为目的。

（2）设置陷阱的单位和中介大多是非正规公司，在招聘时不明确提供详细信息、单位名称、具体位置、经营范围和招聘要求等。

（3）提供的职位华而不实或追赶时尚，与实际工作不符。

（4）许以非常规的薪酬。每个职位的市场价值和利润贡献各有不同，用人单位在招聘中许以高于常规的薪酬，以吸引毕业生。

3. 合同陷阱

（1）单方合同。用人单位在合同中写明"由甲方决定"或"按照甲方的相关规定执行"等条款，无视乙方即劳动者应享受的权益。面对这样的合同，劳动者应当谨慎签约。

（2）押金合同。用人单位在招工时以种种名目向劳动者收取风险基金、保证金、抵押金等，如果合同期内劳动者离职，这笔钱肯定有去无回。遇到这种情况，劳动者可向劳动监察部门举报。

（3）幕后合同。一些民营企业在制定劳动合同时根本不与劳动者协商，也不向劳动者讲明合同内容，甚至有些合同条款与法规相抵触。劳动者如果签订这样的合同而使合法权益受到侵害，可向当地劳动仲裁机构申请裁定该合同为无效合同。

（4）性命合同。一些提供有风险工作岗位的用人单位为了逃避责任，不按劳动法的有关规定提供劳动保障，并提出"工伤自己负责"等条款。劳动者如果签下这类协议，无疑是拿自己的性命当儿戏。

（5）包身合同。很多用人单位在劳动合同中明确提出，三年内不得跳槽到同行业的公司工作，并以扣下劳动者人事档案相要挟。劳动部门提醒，非公司的核心技术人员，不涉及商业秘密，不受这类合同的制约。

（6）阴阳合同。为了逃避劳动部门的检查，个别用人单位私下准备了至少两份合同。其中一份是假合同，内容完全按照有关部门的要求签订，但实际上并未按此执行，真正执行的是另一份合同。所以，劳动者一定要将副本合同也收藏好，以作为以后维权的依据。

4. 传销陷阱

指组织者或经营者发展人员，以其直接或间接发展的人员数量或销售业绩为依据计算和给付报酬，或者要求被发展人员以交纳一定费用为条件取得加入资格等方式牟取非法利益，便是传销。传销行为扰乱了经济秩序，影响了社会的稳定。

传销的判断标准有以下几点。

（1）"拉人头"。多层次传销活动的业务主要是介绍他人加入。其收入主要来自新成员交纳的入会费。

（2）高额入门费。以交纳高额入会费或认购商品的方式变相收取高额入会费作为加入条件。

（3）虚假宣传。多层次传销活动往往对商品的质量、用途、产地进行虚假宣传，以高报酬骗人入会。

（4）高价高奖励。商品价格大大高于市场价格，以牟取暴利。

（5）不许退货。不准退货或设定苛刻的退货条件。

5. 关系陷阱

（1）打着同乡、同学甚至亲戚的幌子招聘大学生去工作，既不签合同，又不办理手续，一旦出现问题，就推卸责任。

（2）夸大自己的能力，承诺为大学生找工作，在博得大学生和家长的信任之后逐渐提出各种要求以骗取钱财，再假称中间环节出现了问题，所以未能兑现承诺，其结果往往是钱花了不少，却不见工作的踪影。

6. 试用陷阱

利用试用期骗取廉价劳动力主要有两种形式：一种是试用期结束后以各种理由告诉求职者是不合格的，公司解聘也是无奈之举；另一种是无故延长试用期，欺骗继续试工两个月或几个月，最终解聘。

## 预防与处理

消除就业陷阱，一方面有赖于有关部门完善相关监管制度，另一方面则要求大学生自身提高防范意识。

（1）填写个人简历时，不要在规定的表以外的地方填写自己的联系方式，这样会使所有人都知道你的联系方式，从而导致不安全的情况发生。

（2）在收到招聘单位的面试邀请电话时，务必上人才网站核实一下这个企业的资料。对方如果用移动电话与你联系，必须索取对方的固定电话，面试前尽量通过对方的固定电话预约面试时间，并了解企业信息。

（3）认真确认面试地点。正规单位招聘一般会将招聘地点设在单位的办公室、会议室。对一些以租用房间作为应聘地点的单位要警惕，千万不要轻信在街道或酒店的招聘者，应该主动找到招聘单位所在办公地点或办事处。

（4）绝大多数招聘单位不会主动派车去接应聘者，应聘时勿与陌生人到偏僻地方，勿将手机等财物借给陌生人。发现被骗应及时报警。

（5）如遇到单位要求必须在某私立医院或诊所体检才能上岗的，则应万分小心。因为正规单位招聘员工时一般不指定医院，且有资格进行体检的医院也不应该是私立医院或者诊所。

（6）拒交各种名义的费用。招聘单位以任何名义向求职者收取抵押金、服装费、产品押金、风险金、报名费、培训费等行为，都属非法行为。招聘单位培训本单位的职工，也不准收取培训费。求职者遇到此类情况，要坚持拒交，并向招聘单位所在地区举报，以确保自己的合法权益不受侵害。

（7）不轻信许诺到外地上岗。对外地企业或某某外地分公司、分厂、办事处的高薪招聘，不论其待遇多么好，求职者都要保持清醒的头脑和高度的警惕，不要轻信其口头许诺。正确的做法：一是不去，二是到劳动保障部门咨询，并办理相关手续。

（8）掌握劳动法规和相关政策。求职者在求职前或求职过程中，应主动学习一些劳动法规和相关政策，提高自己的求职素质和独立思考能力。

（9）多种途径了解公司背景。在求职者正式进入单位之前，应想方设法加强对企业的了解，以免误入骗子设下的陷阱。

（10）谨慎签订劳动合同。与用人企业签合同时，求职者要"三看"：一看企业是否经过工商部门登记以及企业注册的有效期限，否则所签合同无效；二看合同字句是否准确、清楚、完整，不能用缩写、替代或含糊的文字表达；三看劳动合同是否有一些必备内容，包括劳动合同期限、工作内容、劳动保护和劳动条件、劳动报酬、社会保险和福利、劳动纪律、劳动合同终止的条件、违反劳动合同的责任等。必须签书面合同，试用期内也要签合同。

（11）发觉被骗，及时报案。求职者一旦发觉上当受骗，要及时向招聘单位所在地的人事局、劳动局监察大队或公安局派出所报案，寻求法律保护。但由于劳务诈骗案件的处理往往涉及公安、工商、劳动、人事等部门，求职者应该根据情况选择最有效的投诉部门。若被投诉对象为合法机构，求职者可以找劳动部门；若求职受骗情况特别严重、被骗金额大，可以到公安部门进行报案。

# 第十三章 疾病防范与急救

　　大学时代是人生的黄金时期，大学生是国家的未来和希望，拥有一个健康的体魄，才能担负起社会主义接班人的历史重任。但是，大学生以集体生活为主，这就为传染性疾病的传播提供了便利。近年来曾发生过多起传染性疾病在大学校园暴发流行的事例。这不仅影响了大学生的生活和学习，而且妨碍了大学校园的正常秩序和社会稳定。因此，大学生要了解一些常见传染性疾病的相关知识，做到早发现、早隔离、早治疗，切实提高大学生的防病能力。

## 🌿 第一节　传染病概述

　　近年来，虽然整体上说传染病防治处于较好水平，但是仍然形势不容乐观，大学生对于防治传染病也应该多些了解。

**常见案例**

<<<<<案例 13-1：全国非典型性肺炎事件 ………………………………

　　2002 年 11 月，在某地出现首例新的呼吸系统传染性疾病，这种传染病具有较强的传染性，这就是震惊世界的新型传染病——传染性非典型性肺炎，简称 SARS。2003年 4 月 16 日，世界卫生组织宣布：一种新型冠状病毒是 SARS 的病原，并将其命名为

SARS 冠状病毒。从 2002 年 11 月至 2003 年 8 月 5 日，有 29 个国家报告临床诊断病例 8422 例，死亡 916 例，报告病例的平均死亡率为 9.3%。

### <<<<<案例 13-2：全球甲型 H1N1 流感事件 ………………………………

2009 年开始，一种新型急性呼吸道传染病——甲型 H1N1 流感在全球范围内大规模流行。甲型 H1N1 流感与以往的季节性流感病毒不同，其病原体是一种新型的甲型 H1N1 流感病毒，该病毒毒株包含有猪流感、禽流感和人流感三种流感病毒的基因片段，具有较强的传染性。直到 2010 年 8 月，世界卫生组织才宣布甲型 H1N1 流感大流行期结束。

### <<<<<案例 13-3：H7N9 禽流感事件 ………………………………

2013 年 3 月底，在某地禽流感事件率先发现了一种新型禽流感——H7N9 型禽流感。该种禽流感是全球首次发现的新亚型流感病毒，尚未纳入我国法定报告传染病监测报告系统，并且至 2013 年 4 月初尚未有疫苗推出。截至 2013 年 5 月 6 日 16 时，全国已确诊 130 人，36 人死亡，72 人痊愈。

### 案例点评

以上三个案例是近年来我国发生的典型的传染性疾病，造成了很大的社会恐慌，危害非常大，尤其是在大学校园，疾病情况更为严峻。因为大学生以集体生活为主，是传染性疾病的多发人群，一旦感染了以上几种传染病，影响将极其严重。因此，采取积极有效的措施做好学校传染性疾病的预防工作，对大学生乃至整个社会都有着至关重要的作用。

### 知识链接

1. 传染病

传染病是一种可以从一个人或其他物种，经过各种途径传染给另一个人或物种的感染症。通常这种疾病可借由直接接触已感染的个体、感染者的体液及排泄物、感染者所污染到的物体传播，也可以通过饮水、食物、空气或其他载体而散布。

2. 传染病的基本特征

（1）具有特异的病原体。每种传染病都由特异的病原体引起，病原体可以是微生物或寄生虫，包括病毒、立克次氏体、细菌、真菌、螺旋体、原虫等。

（2）传染性。传染性是传染病与其他类别疾病的主要区别，传染病意味着病原体能够通过各种途径传染给他人。

（3）流行性。根据传染病流行的强度和广度，可以将传染病分为散发、流行、大流行和暴发。散发是指传染病在人群中散在发生；流行是指某一地区或某一单位，在某一时期内，某种传染病的发病率超过了历年同期的发病水平；大流行是指某种传染病在短时期内迅速传播、蔓延，超过了一般的流行强度；暴发是指某一局部地区或单位，在短期内突然出现众多同一种疾病的病人。

（4）季节性。传染病发病具有季节性，其发病率在某一季节会升高。一般而言与温度、湿度的改变有关。

（5）地方性。某些传染病或寄生虫病，其中间宿主受地理条件、气温条件变化的影响，常局限于一定的地理范围内发生。如虫媒传染病、自然疫源性疾病等。

（6）感染后免疫。传染病痊愈后，人体对同一种传染病病原体产生不感受性，称为免疫。

3. 常见的多发性传染病的传播途径

传染病的传播和流行必须具备三个环节，即传染源（能排出病原体的人或动物）、传播途径（病原体传染他人的途径）及易感者（对该种传染病无免疫力者）。常见的多发性传染病其传播途径主要有以下几种：

（1）空气传染。

有一些传染病的病原体在空气中可以自由散布，直径通常为 5 微米，能够长时间浮游于空气中，可长距离地移动，主要借由呼吸系统感染，或借助飞沫传播。

（2）飞沫传染。

飞沫传染是许多感染原的传播途径，当患者咳嗽、打喷嚏、说话时，喷出温暖而潮湿之液滴，病原附着其上，随空气流动而飘散漂浮，被另一位宿主因呼吸、张口或偶然碰触而黏附，造成新的宿主受到感染。例如：细菌性脑膜炎、水痘、普通感冒、流行性感冒、腮腺炎、肺结核、麻疹、德国麻疹、百日咳等。

（3）粪口传染。

指未处理的废水或受病原沾染物，直接排放于环境中，可能污损饮水、食物或碰触口、鼻黏膜之器具，以及如厕后清洁不完全，借由饮食过程可导致食入者感染，主要病原可为病毒、细菌、寄生虫，常见传染病包括霍乱、A 型肝炎、小儿麻痹等。

（4）接触传染。

经由直接碰触而传染的方式称为接触传染。这类疾病除了直接触摸、亲吻患者，也可以通过共享牙刷、毛巾、刮胡刀、餐具、衣物等贴身器材，或是因与患者接触，在环境留下病原达到传播的目的。性传染疾病也属于接触传染的一种。

（5）垂直传染。

垂直传染专指胎儿由母体得到的疾病，这种传染的病原体多以病毒和活动力高的小型寄生虫为主，可以经由血液输送，或是具备穿过组织或细胞的能力，如 AIDS 和 B

型肝炎等。

（6）血液传染。

主要是指通过血液、伤口感染的方式，将疾病传递至另一个体身上的过程。常见于医疗注射器材消毒不严、输血未按规范操作等情况，多发生于捐血、输血时。

### 预防与处理

针对传染病流行性和传染性的特点，传染病防治必须以预防为主，在疫情尚未发生或尚未流行时，做好一般性预防措施及疫情发生以后的防疫措施。

1. 一般性预防措施

（1）对可能存在病原体的外环境加强管理。包括改善饮用水条件，对饮用水进行消毒；结合城乡建设，搞好粪便无害化、污水排放和垃圾处理等工作。

（2）预防接种。又称人工免疫，是将生物制品接种到人体内，使机体产生对传染病的特异性免疫力，以提高人群免疫水平，预防传染病的发生与流行。

2. 防疫措施

（1）管好传染源。在疫情发生的第一时间管理好传染源，包括对传染病人、病原体携带者、密切接触者以及动物传染源等进行妥善安排。

（2）切断传染途径。就传染病来说，切断传播途径是起主导作用的预防措施，但因各种传染病传播途径不同，采取的措施也不一样。如对呼吸道传染病，重点是空气消毒、通风换气、个人防护（如戴口罩）等；对虫媒传染病，应以杀虫防虫为主。某些传染病（如血吸虫病），由于传播因素复杂，应采取综合性措施才能切断其传播途径。

（3）保护易感人群。保护易感人群的措施主要有预防接种，提高人群免疫力，给高危人群服用预防性药物。

### 第二节　校园常见传染病

学校是人群高度密集的场所，学生抵抗疾病的能力较弱，加上近年来城市发展迅速，人口流动频繁，很容易引发传染病在校园内的流行和传播。因此，了解校园易发传染病相关知识对于在校大学生具有重要的意义。

### 常见案例

<<<<<案例 13-4：大学生集体感染流感案 ……………………………………

2007 年 4 月 28 至 30 日，某高校 19 名大三学生集体出现发热、咳嗽和头痛症状。

5月1日，这些学生被诊断为集体患有流感，所幸症状较轻，经过治疗后所有患者的病情开始好转或稳定，没有出现肺炎等症状。

## <<<<<案例 13-5：大学城艾滋病社会舆论事件 ………………………………

2017 年 4 月，一条某城市某大学城多名大学生感染艾滋病的消息，被众多媒体转载，引起了社会的广泛关注。事后证实，该大学城已发现报告艾滋病感染者 106 人。

### 案例点评

由于大学生以集体生活为主，并且防病意识不强，一些同学卫生习惯不好，因此一旦有学生得病，很容易造成集体感染。

### 知识链接

1. 我国对传染病的分类管理

《中华人民共和国传染病防治法》根据传染病的危害程度和应采取的监督、监测、管理措施，将传染病分为甲、乙、丙三类，实行分类管理。

（1）甲类传染病。也称强制管理传染病，包括鼠疫和霍乱等。此类传染病发生时，要及时对病人、病原携带者进行隔离，对疫点、疫区进行重点防控。

（2）乙类传染病。又称为严格管理传染病，包括病毒性肝炎、细菌性和阿米巴痢疾、伤寒和副伤寒、艾滋病、淋病、梅毒、脊髓灰质炎、麻疹、百日咳、白喉、流行性脑脊髓膜炎、猩红热、流行性出血热、狂犬病、钩端螺旋体病、布鲁菌病、炭疽、流行性和地方性斑疹伤寒、流行性乙型脑炎、黑热病、疟疾、登革热等。

（3）丙类传染病。又称为监测管理传染病，包括肺结核、血吸虫病、丝虫病、包虫病、麻风病、流行性感冒、流行性腮腺炎、风疹、新生儿破伤风、急性出血性结膜炎，以及除霍乱、痢疾、伤寒和副伤寒以外的感染性腹泻病等。

2. 校园传染病的特点

与社会上常见的传染病相比，校园传染病有以下几个特点：

（1）易感性高。大学生大部分是处于成长期的青少年，由于免疫功能发育尚不完善，因而抵御各种传染病的能力较差，容易感染致病。

（2）人群集中，接触密切。学校是社会上一个特殊的公共场所，学生从四面八方汇集到学校，可能把传染源带入学校，相互间接触密切，加之卫生设备、卫生制度不健全和卫生习惯不良等，使传染病极易发生和流行，甚至是暴发。

（3）季节性。学校传染病具有明显的季节性，呼吸道传染病在冬春季多发，肠道传染病在夏秋季多发。学校传染病的发生流行与寒暑假有密切关系，寒暑假学生走亲访友、旅游等活动增多，可能将外地的传染源带到本地和学校，在本地和学校中造成传播。

## 预防与处理

针对常见的校园传染病，要在了解其传播途径和临床表现的基础上，加强预防和治疗。

1. 流行性感冒

流行性感冒简称流感，是由流感病毒引起的一种急性呼吸道传染病，传染性强，发病率高，容易引起暴发流行或大流行。

（1）传播途径。流感主要通过空气飞沫传播，也可通过口腔、鼻腔、眼睛等处黏膜直接或间接接触传播。接触患者的呼吸道分泌物、体液和病毒污染的物品也可能引起感染。

（2）临床表现。流感的潜伏期一般为1～7天，多数为2～4天。症状为：经常突然发病，畏寒高热，体温可达39～40度，多伴有头痛、全身肌肉关节酸痛、极度乏力、食欲减退等全身症状，常有咽喉痛、干咳，可有鼻塞、流涕、胸骨不适等。

（3）预防。一是保持良好的个人卫生习惯，经常用肥皂和流水洗手；二是咳嗽或打喷嚏时应用纸巾遮住口鼻，避免接触禽类（家禽、野禽）、牲畜等易于携带禽流感病毒的动物，一旦接触过禽鸟或禽鸟粪便，要立刻用肥皂和清水彻底清洁双手；三是居住环境及学习场所经常开窗通风；四是加强体育锻炼，注意膳食营养，提高自身免疫力；五是减少或避免前往人群稠密场所。

2. 肺结核

肺结核是由结核分枝杆菌引发的肺部感染性疾病，是严重威胁人类健康的疾病。

（1）传播途径。结核菌主要通过呼吸道传染，活动性肺结核患者咳嗽、打喷嚏或大声说话时，会形成以单个结核菌为核心的飞沫悬浮于空气中，从而感染新的宿主。此外，患者咳嗽排出的结核菌干燥后附着在尘土上，形成带菌尘埃，亦可侵入人体而形成感染。

（2）临床表现。肺结核的临床表现主要以午后低热、干咳、咯血、潮热、盗汗、胸痛、气短、消瘦、乏力为主要特征。

（3）预防。首先，要养成良好的生活习惯，不随地吐痰；经过工地或打扫卫生时等扬尘环境时，应绕道走或者掩住口鼻；咳嗽时最好用手绢捂住嘴；房间要经常通风换气，保持空气新鲜；经常进行户外活动，增强体质；不抽烟、不酗酒，保证有充足睡眠；膳食营养合理；勤洗澡、勤换衣。其次，控制传染源，切断传染途径。应减少与病人接触，探视病人时要戴口罩；病人的日用品要消毒，室内用紫外线照射，餐具应煮沸，被褥在烈日下暴晒。第三，重视糖尿病患者。糖尿病患者由于体内代谢紊乱、机体抗病能力减低，其肺结核发生率比非糖尿病患者高 2 ～ 4 倍。

3. 麻疹

麻疹是由麻疹病毒引起的急性呼吸道传染病，传染性极强，人类是唯一宿主。

（1）传播途径。麻疹病人是唯一的传染源，主要通过飞沫直接传播。

（2）临床表现。临床症状有发热、咳嗽、流涕、眼结膜充血、口腔黏膜处有周围红晕的灰白小点。

（3）预防。提高人群免疫力是预防麻疹的关键，故对易感人群实施计划免疫十分重要。如发现麻疹病人，则应采取综合措施防止传播和流行。一是隔离传染源，可嘱咐病人到传染病医院进行住院治疗，在家隔离治疗时应尽量减少与他人接触。二是切断传播途径，对室内环境进行消毒，经常开窗通风，使病毒迅速排出室外。三是保护易感人群，接种疫苗是预防麻疹最有效的措施。

4. 艾滋病

艾滋病，即获得性免疫缺陷综合征（AIDS），是指因为感染了人类免疫缺陷病毒（HIV）而导致免疫缺陷，并发一系列疾病及肿瘤，严重者可导致死亡的综合征。

（1）传播途径。艾滋病的传播主要有四种方式：一是性行为，即与已感染的伴侣发生无保护措施的性行为，包括同性、异性的性接触。二是静脉注射吸毒，即与他人共用被感染者使用过的、未经消毒的注射工具，这是一种非常重要的 HIV 传播途径。三是母婴传播，即在怀孕、生产和母乳喂养过程中，感染 HIV 的母亲可能将病毒传播给胎儿及婴儿。四是血液及血制品传播。握手、拥抱、礼节性亲吻、同吃同饮、共用厕所和浴室、共用办公室等日常生活接触不会传播 HIV。

（2）临床表现。我国将 HIV 感染分为急性期、无症状期和艾滋病期。

急性期：通常发生在初次感染 HIV 后 2 ～ 4 周。临床主要表现为发热、咽痛、盗汗、恶心、呕吐、腹泻、皮疹、关节痛、淋巴结肿大及神经系统症状。多数患者临床症状轻微，持续 1～3 周后缓解。

无症状期：可从急性期进入此期，或无明显的急性期症状而直接进入此期。此期持续时间一般为 6～8 年，但也有快速进展和长期不进展者。

艾滋病期：为感染 HIV 后的最终阶段，此期主要临床表现为 HIV 相关症状、各种机会性感染及肿瘤。

（3）预防。一是洁身自爱，不乱性；二是不与他人共用剃须刀、牙刷等；三是不使用未消毒的器械进行穿耳、文眉；四是怀疑自己或对方感染艾滋病病毒时坚持使用避孕套；五是有毒瘾者勿与他人共用注射器；六是使用经严格消毒的注射器及检查、治疗器械；七是输血时使用经艾滋病病毒抗体检验合格的血液。

# 第三节　常见急症和急救方法

大学生正值青春年华，但是由于安全意识不强，处理急症和急病的经验不足，往往造成一些令人痛心的事故。

## 常见案例

### <<<<<案例 13-6：电热水袋爆炸伤人案 ……………………………

2013 年 12 月 6 日，在某高校读大三的女孩王某在寝室内将热水袋放在腿边充电，自己坐在桌前看书。突然，热水袋开始发出异响。还没反应过来，热水袋便爆炸了，滚烫的热水洒了王某一身，腹部以及大腿部被烫红。

王某赶忙脱下湿漉漉的衣服，想起曾听人说烫伤后往皮肤上涂牙膏可以缓解伤情，于是忍痛涂上了牙膏。可是，当晚睡觉时，王某觉得伤口疼痛难以入睡，除了腹部有强烈的烧灼感之外，大腿上还起了白色的水泡。室友赶紧拨打了 120 急救电话，将其送至医院。医生检查发现，因为王某处理不及时，并用牙膏涂抹伤口，导致腿部深度灼伤。

### <<<<<案例 13-7：大学生急性酒精中毒案 ……………………………

22 岁的杨某是某大学的应届毕业生。6 月 17 日晚，因毕业庆典酒会喝下大约 1.5 斤白酒出现昏迷，辅导员和同学们赶紧将他送到医院。问诊和检查后，院方诊断杨某系急性酒精中毒，立即进行对症抢救，并紧急实施洗胃。所幸抢救及时，杨某最终苏醒过来。

## 案例点评

大学生是容易遭受意外伤害的群体，但是由于自救知识相对缺乏，急救意识比较薄弱，在遇到意外伤害或急症时往往手足无措，不仅加重了病情，更有可能失去最佳的抢救机会。

## 知识链接

1. 急救

急救即紧急救治的意思，是指当有任何意外或急病发生时，施救者在医护人员到达前，按医学护理的原则，利用现场适用条件，临时为伤病者进行初步救援及护理，然后送往医院。

2. 生命体征

生命体征是用来判断病人的病情轻重和危急程度的，标志生命活动存在与质量的重要征象，是评估身体的重要项目之一。通常包括体温、呼吸、脉搏、血压、瞳孔和意识等方面。

一般而言，正常人的体温在 37 度左右，24 小时内略有波动；正常人在安静状态下，脉搏为 60～100 次/分（一般为 70～80 次/分）；呼吸正常值成人为 12～20 次/分，儿童为 30～40 次/分；瞳孔在一般光线下直径为 2 毫米～4 毫米，两侧等大同圆。

3. 校园急症的种类及救护

常见的校园急症有以下几种，大学生们要特别注意预防，并在突然发生时利用有效的措施进行救护。

（1）中暑。

由于在烈日下或高温环境中工作，身体调节体温的能力较差，体内产生的热能不能适当地向外散发，积聚而产生高热称为中暑。患者先有头痛、眩晕、心悸、恶心等，随即停止出汗，体温上升，如不及时抢救可致昏迷或死亡。

①先兆中暑。出现大量出汗、口渴、全身疲乏、头晕、胸闷、心悸、注意力不集中、动作不协调等症状，体温正常或略升高。如果能及时离开高温环境，经休息后短时间内即可恢复正常。

②轻症中暑。除出现先兆中暑症状外，体温升高到 38.5 度以上。会伴有面色潮红、胸闷、皮肤干热等现象，或出现呼吸衰竭的症状，如面色苍白、恶心、呕吐、大量出汗、皮肤冷湿、血压下降、脉搏较快等。如及时离开高温环境，适当休息，解松衣服，饮用含盐清凉饮料，服用解暑药物如十滴水、解暑片等，4～5 小时内可以恢复。

③重症中暑。除上述症状外，出现昏倒或痉挛，或皮肤干燥无汗，体温在 40 度以上。重症中暑患者应送医院紧急处理。

（2）烫伤。

烫伤分为烧伤和液体烫伤两种类型。除了生活中常见的开水和火焰、蒸汽等高温灼伤外，还有工业上的强酸、强碱等化学灼伤，以及电流、放射线和核能等物理灼伤。

①烫伤的程度。烫伤可分为一度烫伤（红斑性，皮肤变红，并有火辣辣的刺痛感）、二度烫伤（水泡性，患处产生水泡）、三度烫伤（坏死性，皮肤剥落）三个等级。

②烫伤的处理。烫伤处理的原则是首先除去热源，迅速离开现场，用各种灭火方法，如水浸、水淋、就地卧倒翻滚等，立即将湿衣服脱去或剪破衣服淋洒冷水，肢体浸泡在冷水中，直到疼痛消失为止。还可用湿毛巾或床单盖在伤处，再往上喷洒冷水。

烫伤的创面处理最为重要，先剃除伤口附近的毛发，剪除过长的指甲，创面周围用肥皂水及清水洗净，再用 0.1％新洁尔灭液或 75％酒精擦洗消毒。创面用等渗盐水清洗，去除创面上的异物、污垢等。保护小水泡勿损破，大水泡可用空针注射器抽出血泡液，或剪破放出水泡液。已破的水泡或污染较重部位，应剪除泡皮，清洁创面，上面覆盖一层液状石蜡纱布或薄层凡士林油纱布，外加多层脱脂纱布及棉垫，用绷带均匀加压包扎。此外，烫伤常易并发感染，因此应加用抗生素，还可注射破伤风抗毒素等。

（3）冻伤。

冻伤是指由于机体暴露在寒冷环境中过久而形成的损伤。冻伤可分为局部冻伤和全身冻伤两种。局部冻伤常发于手指、脚趾、鼻尖、耳廓、脸颊等暴露部位，而且容易在同一部位复发。全身冻伤时，除体表血管收缩、皮肤苍白外，伤者会出现寒战，但体内温度较高，有发烧现象，如果不能及时救治，很容易出现生命危险。

①冻伤的程度。一度冻伤（红斑性）：冻伤皮肤从苍白变为斑块状紫蓝色，后转为红、肿、充血，并有痒、痛、麻木等感觉。二度冻伤（水泡性）：冻伤部位除红肿外，尚可出现大小不等的水泡，局部剧痛，对冷、热、针刺感觉不敏感。三度冻伤：轻的局限于皮肤，皮肤从苍白变紫而黑，伤部周围皮肤肿胀并有水泡，大多会伴有剧痛。

②冻伤的处理。发生冻伤后，伤部要迅速复温，可将伤部浸泡在清洁温水中，并在 5～7 分钟内加温到 37～42 度。对一、二度冻伤部用保暖包扎法，三度冻伤最好由医疗单位进行消毒、包扎，预防感染，进行创面处理。

（4）外伤。

外伤是指人体受到外力作用而发生的组织撕裂或损害。引起外伤的原因很多，根据有无伤口可分为开放性外伤和闭合性外伤两大类。

①闭合性外伤。由钝力造成，无皮肤、体表黏膜破裂，常见的有挫伤和扭伤。发生挫伤时，轻者可用伤湿止痛膏外贴受伤区。当发生胸腹部挫伤及头部挫伤时，应考虑有无深部血肿或内脏损伤出血，最好到医院观察诊断。发生扭伤时，一般的处理原则是让患者安定情绪，固定受伤部位，用冷湿布敷盖患处。同时，扭伤后无论轻重，不可即刻洗澡、胡乱按摩，须送医院治疗。

②开放性外伤。多数由锐器和火器所造成，少数可由钝力造成，常有皮肤、体表黏膜破裂。浅的伤口用温开水或生理盐水冲洗拭干后，以碘酊或酒精消毒、止血。对较深的伤口，应立即压迫止血，速到医院进行清创术，再视伤情采取缝合修补等措施。刀伤伤口不可涂抹软膏之类的药物，否则伤口难以愈合。

（5）急性酒精中毒。

饮酒过量易造成急性酒精中毒，早期出现面红、脉快、情绪激动、语无伦次、恶心、呕吐、嗜睡等症状，严重者可出现昏迷甚至呼吸麻痹而死亡，还可发生高热、惊厥及脑水肿等。

急性酒精中毒者症状轻重不同，一般处理原则是禁止继续饮酒，可刺激舌根部以催吐，轻者可饮用温开水、浓茶等以缓解症状，症状较重者，可用温水或2‰碳酸氢钠溶液洗胃。一般醉酒者经休息、饮茶即可较快恢复，中毒症状较重者宜送医院诊治。

（6）煤气中毒。

煤气中毒又称一氧化碳中毒，主要是因吸入一氧化碳所致，可分为轻、中、重三级。对煤气中毒者，应先将患者撤离现场，移至空气新鲜、通风良好处，若呼吸停止，宜立即进行人工呼吸。对呼吸抑制者，可使用呼吸兴奋剂，如尼可刹米、山梗菜碱等。患者昏迷时应注意清理口腔及呼吸道的分泌物，使之保持呼吸道通畅。

## 预防与处理

### 1. 包扎法

包扎是外伤现场应急处理的重要措施之一。及时正确的包扎可以达到压迫止血、减少感染、保护伤口、减少疼痛以及固定敷料和夹板等目的。相反，错误的包扎可导致出血增加、感染加重并造成新的伤害，遗留后遗症等不良后果。

（1）绷带环形法。是绷带包扎法中最常用的，一般小伤口的包扎都采用此法。方法是：第一圈环绕稍作斜状，第二圈、第三圈作环形，并将第一圈斜出的一角压于环形圈内，这样固定更牢靠些。

（2）绷带蛇形法。多用在夹板的固定上。方法是：先将绷带环形缠绕数周固定，然后根据绷带的宽度作间隔，进行斜着上缠或下缠即可。

（3）绷带螺旋法。多用在粗细差不多的地方。方法是：先按环形法用绷带缠绕数圈固定，每圈盖住前圈的三分之一或三分之二，并成螺旋形。

（4）三角巾头部包扎。先把三角巾基底折叠放于前额，两边拉到脑后与基底打结，然后绕至前额作结，固定。

（5）三角巾风帽式包扎。将三角巾顶角和底边各打一结，即成风帽状。

（6）头面部包扎法。将顶角结放于前额，底边结放在后脑勺下方，包住头部，两角往面部拉紧，向外反折包绕下颌，然后拉到后面打结即成。

（7）背部包扎法。与胸部包扎的方法一样，唯位置相反，结打在胸部。

（8）手足包扎法。将手、足放在三角巾上，将顶角前拉在手、足的背上，然后将底边缠绕打结固定。

（9）手臂的悬吊。如上肢骨折需要悬吊固定时，可用三角巾吊臂。悬吊方法是：将患肢呈屈肘状放在三角巾上，然后将底边一角绕过肩部，在背后打结系成悬臂状即可。

（10）胸部包扎法。如右胸受伤，将三角巾顶角放在右面肩上，将底边扯到背后在右面打结，然后再将右角拉到肩部与顶角打结，左胸则相反。

2. 止血法

一般成人总血量大约 4000 毫升。短时间内丢失总血量的 1/3 时（约 1300 毫升），就会发生休克。表现为脸色苍白、出冷汗、血压下降、脉搏细弱等。如果丢失总血量的一半（约 2000 毫升），则组织器官处于严重缺血状态，很快可导致死亡。如果发生出血事故，可以在医生救治之前，采用以下几种止血方法进行简单止血。

（1）直接加压止血法。这种方法对于制止小量的出血非常有用，直接以纱布、手帕或卫生纸覆盖在伤口处并且对伤口处加压即可止血。加压时视血管的大小，以"四指"或是"手掌"下压。一般还配合抬高伤肢，使受伤部位高于心脏。

（2）止血点止血法。又称为"间接加压止血法"，用拇指压住出血的血管上方（近心端），使血管被压闭住而中断血流。这种方法对抗较大量的失血时非常有效。

（3）止血带止血法。以有弹性的丝巾或是带状物将止血点部位的肢体绑住，以达到制止血液流动的目的。

（4）流鼻血快速止血法。鼻子流血时，用自己的两只手中指互相勾拉，即可在数十秒内止血。或是用纱布将刺儿菜根包住并挤出汁液，喝下即可止血。

3. 骨折固定法

骨折时，局部红肿，出现包块，疼痛剧烈，尤其是移动或触摸伤肢时，伤处似能听见咔嚓的响声。肢体扭曲变形。下肢骨折跌倒后无法站立，上肢骨折后无法提起物体。如果伤后怀疑有骨折，应先按骨折处理，以免引起严重后果。

（1）上臂骨折固定法。手臂屈曲，夹板放在内外侧，用绷带包扎固定，然后用三角巾悬吊伤肢。

（2）前臂骨折固定法。先将木板或厚纸板用棉花垫好，放在前臂后侧，用布带包扎，肘关节屈曲 90 度，再用三角巾悬吊。

（3）大腿骨折固定法。将伤肢拉直，夹板放在内外侧，外侧夹板长度上至腋窝，下至脚跟，内侧夹板较短，放至大腿根部，关节处垫好棉花，然后用绷带或三角巾固定。如现场无夹板可用，可将伤肢与好腿并排摆正，用三角巾缠绕固定。小腿骨折固定法与大腿骨折固定类似。

（4）脊椎骨折固定法。脊椎骨折往往病情严重，严禁不经固定而胡乱搬动。应在保持脊柱稳定的情况下，将病人轻而平稳地移至硬板担架，用三角巾固定。切忌扶持伤者走动或让其躺在软担架上。颈椎骨折最好用颈托固定头、颈部，防止因骨折移位压迫中枢神经而造成截瘫。

4. 心肺复苏法

一般情况下，心脏停搏不超过 4 分钟时，有可能恢复功能；若超过 4 分钟，易造成脑组织永久性损伤，甚至导致死亡。因此，急救必须及时和迅速。心跳、呼吸骤停的急救，简称心肺复苏，通常采用人工胸外挤压和口对口人工呼吸方法。

（1）人工呼吸方法。一手捏住患者鼻翼两侧，另一手食指与中指抬起患者下颌，深吸一口气，用口对准患者的口吹入，吹气停止后放松鼻孔，让病人从鼻孔呼气。依此反复进行，成人患者每分钟 14～16 次，儿童每分钟 20 次。最初 6～7 次吹气时可快一些，以后转为正常速度。

（2）胸外心脏按压。让患者的头、胸部处于同一水平面，最好躺在坚硬的地面上。抢救者左手掌根部放在患者的胸骨中、下 1/3 交界处，右手掌重叠放在左手背上。手臂伸直，利用身体部分重量垂直下压胸腔 3～5 厘米（儿童 3 厘米，婴儿 2 厘米），然后放松，掌根不要离开患者胸腔。挤压要平稳、有规则、不间断，也不能冲击猛压，下压与放松的时间应大致相等。

# 附录一 常见的40种电信诈骗方式及防范措施

## 1. 冒充公检法人民大会堂员进行诈骗

犯罪分子冒充公检法工作人员拨打受害人电话，以事主身份信息被盗用涉嫌洗钱犯罪为由，要求将其资金转入所谓的安全账户配合调查。

防范方法：公检法办案会通知当事人到执法场所，出示证件、办理手续。凡是不见面、不履行相关手续而要求转账、汇款的，请一律拒绝。

## 2. 包裹藏毒诈骗

犯罪分子以事主包裹内被查出毒品等为由，称其涉嫌毒品等犯罪，要求事主将钱转到"安全账户"以便公正调查，从而实施诈骗。

防范方法：接到此类电话后，请不要汇款、转账，并向公安机关报案。

## 3. 医保、社保诈骗

犯罪分子冒充社保、医保中心工作人员，谎称受害人社保卡、医保卡资金出现异常，可能涉嫌犯罪，诱骗其将资金转入"安全账户"实施诈骗。

防范方法：接到此类电话、短信，请首先向医保、社保等机构咨询核实。

## 4. 补助、救助、助学金诈骗

犯罪分子冒充民政、残联等单位工作人员，向残疾人员、困难群众、学生家长打电话、发短信，谎称可以领取补助金、救助金、助学金，要其提供银行卡号，然后以资金到账查询为由，指令其在自动取款机上进入英文界面操作，将钱转走。

防范方法：补助、救助资金均由当地民政等部门和社区发放，请首先向民政部门、社区咨询。不听从陌生人的指令，不执行不熟悉的网上银行和自动提取款机操作。

## 5. 冒充领导诈骗

犯罪分子冒充上级领导打电话、发信息给基层单位负责人或工作人员，以提拔、借钱、推销书籍及纪念币等为由，要求将资金转入或存入指定账户。

防范方法：接到此类电话、短信后请向本人核实。

## 6. 虚构车祸、手术诈骗

犯罪分子虚构受害人亲戚或朋友遭遇车祸、突发疾病需要紧急手术等，要求对方立即转账。当事人因情况紧急便按照嫌疑人指令将钱转入指定账户。

防范方法：接到此类电话、短信，请不要着急，立即通过电话向本人核实，或者通过亲戚朋友、公安机关等可靠途径咨询，查证无误后才能办理。

### 7. 虚构绑架诈骗

犯罪分子虚构受害人亲友被绑架，如果解救人质须立即打款到指定账户，并且不能报警，否则撕票。当事人往往因情况紧急，不知所措，按照嫌疑人指令将钱款打入指定账户。

防范方法：接到此类电话、短信，请不要慌张，立即通过电话向本人核实。如本人无法联系，请通过亲戚朋友、公安机关等可靠途径咨询、查找，以免被骗。

### 8. "猜猜我是谁"

犯罪分子获取受害人电话号码和姓名后，打电话给受害人，让其"猜猜我是谁"，随后根据受害者所述冒充熟人身份，并声称要来看望受害者。随后，编造"被治安拘留""交通事故"等理由，向受害者借钱。

防范方法：请通过电话、朋友等向其所称的熟人本人进一步核实。如果不能核实，请见到本人后再决定。

### 9. 票务诈骗

犯罪分子冒充航空公司客服人员以"航班取消，提供退票、改签服务"为由，诱骗购票人员多次进行汇款操作，实施连环诈骗。

防范方法：接到此类电话、短信后，请通过航空公司公布的服务电话核实，最好到正规服务网点查询办理，以免造成损失。

### 10. 电话欠费诈骗

犯罪分子冒充通信运营企业员工，向事主拨打电话或直接播放语音，以电话欠费为由，要求将欠费的资金转到指定账户。

防范方法：到当地通信企业服务网点查询，以免造成损失。

### 11. 电视欠费诈骗

犯罪分子冒充广电工作人员群拨电话，谎称以受害人名义在外地开办的有线电视欠费，让受害人向指定账户补齐欠费，否则将停用受害人本地的有线电视并罚款，部分人信以为真，转账后发现被骗。

防范方法：到当地正规服务网点查询，以免造成损失。

### 12. 金融交易诈骗

犯罪分子以某某证券公司名义通过互联网、电话、短信等散布虚假个股内幕信息及走势，获取事主信任后，又引导其在自己搭建的虚假交易平台上购买股票期货、现货等，骗取股民资金。

防范方法：不要相信不切实际的投资回报，更不能轻易将资金交由他人代理操作投资，防止上当受骗。如有投资需求，应当选择正规、合法的投资渠道。

### 13. 购物退税诈骗

犯罪分子获取事主购买房子、汽车等信息后，以税收政策调整，可办理退税为由，诱骗事主到自动取款机上实施转账操作，将卡内存款转入指定账户。

防范方法：请不要轻易相信，首先向当地的税务部门核实。

### 14. 退款诈骗

犯罪分子冒充淘宝等公司客服拨打电话或者发送短信，谎称受害人拍下的货品缺货，需要退款，要求购买者提供银行卡号、密码等信息，实施诈骗。

防范方法：遇到此类事情，请不要相信并第一时间向公安机关报案。

### 15. 破财消灾诈骗

犯罪分子事先获取事主身份、职业、手机号等资料，拨打电话自称黑社会人员，受人雇佣要对事主加以伤害，但事主可以破财消灾，随即提供账号要求受害人汇款。

防范方法：遇到此类事情，请不要相信并第一时间向公安机关报案。

### 16. 快递签收诈骗

犯罪分子冒充快递人员拨打事主电话，称其有快递需要签收但看不清具体地址、姓名，需要提供详细信息以便送货上门。随后，通过快递送上物品（假烟或假酒），一旦事主签收后，犯罪分子再拨打电话称其已签收必须付款，且漫天要价，否则讨债公司或黑社会将找其麻烦。

防范方法：遇到此类事情，请第一时间向公安机关报案并注意保存物品、语音等证据。

### 17. 提供考题诈骗

犯罪分子针对即将参加考试的考生打电话、发短信，称能提供考题或答案，不少考生急于求成，事先将首付款转入指定账户，后发现被骗。

防范方法：非法出售、提供、购买国家规定考试考题和答案的，均涉嫌犯罪。请遵守法律，不要参与，并及时报警。

### 18. 中奖诈骗

犯罪分子以"我要上春晚"等热播栏目或知名企业的名义群发短信，或通过互联网发送中奖邮件，谎称将获得巨额奖品。受害人一旦与犯罪分子联系兑奖，对方即以"个人所得税""公证费""转账手续费"等各种理由要求受害人汇钱，实施连环诈骗。

防范方法："天上不会掉馅饼"。对中奖、返利等信息，请高度警惕并认真核实，不贪心、不轻信、不汇款。

### 19. 引诱汇款诈骗

犯罪分子以群发短信的方式直接要求对方汇入欠款，由于一些群众正准备汇款，因此收到此类汇款诈骗信息后，未经仔细核实，不假思索即把钱款打入骗子账户。

防范方法：汇款时请进一步核实对方账号、用户名的准确性。

### 20. 刷卡消费诈骗

犯罪分子通过群发刷卡消费欺骗短信，引诱机主回拨短信上指定的号码查询，然后冒充银联中心或公安民警连环设套，要求将银行卡中的钱款转入所谓的安全账户或套取银行账号、密码从而实施犯罪。

防范方法：遇到类似事件，请通过银行公布的客服电话或到银行网点查询，千万不能向对方透露卡号和密码。

### 21. 高薪招聘诈骗

犯罪分子通过群发信息，以月工资数万元的高薪招聘某类专业人士为幌子，要求事主到指定地点面试，随后以培训费、服装费、保证金等名义实施诈骗。

防范方法：遇到类似事情，请先通过"全国企业信用信息公示系统"查询该企业的合法性，防止上当受骗。

### 22. 贷款诈骗

犯罪分子群发信息，称其可为资金短缺者提供贷款，月息低，无须担保。一旦事主信以为真，对方即以预付利息、保证金等名义实施诈骗。

防范方法：任何不需要签订合同的贷款都是不可信的。如需贷款，请选择融资渠道。

### 23. 复制手机卡诈骗

犯罪分子群发信息，称可复制手机卡，监听手机通话信息，不少群众因个人需求主动联系嫌疑人，继而被对方以购买复制卡、预付款等名义骗走钱财。

防范方法：经专家证实，单凭手机号是无法实现手机卡复制的，接到此类信息请不要相信。

### 24. 冒充房东诈骗

犯罪分子冒充房东群发短信，称房东银行卡已换，要求将租金打入其指定账户内，部分租客信以为真，将租金转出方知受骗。

防范方法：遇到此类情况，请及时向房东本人核实账号、用户名的准确性。

### 25. 钓鱼网站诈骗

犯罪分子以银行网银升级、低价抛售为由，要求事主登录假冒的钓鱼网站，进而获取事主银行账户、网银密码、交易验证码等信息实施犯罪。

防范方法：要认准官网，钓鱼网站网址与官网网址往往只有很小的差别，前面多个字母或后面多个数字，请认真识别比对。如果不能确定，可通过银行等企业客服电话咨询核实。

### 26. 低价购物诈骗

犯罪分子通过互联网、手机短信发布二手车、二手电脑、海关没收物品等转让信息，一旦事主与其联系，即以"缴纳定金""交易税、手续费"等方式骗取钱财。

防范方法：请保持警惕，不要被低价诱惑，事先要交钱的一般为虚假信息。

### 27. 木马信息诈骗 1

犯罪分子利用短信群发器、改号软件或互联网，发布 10086 移动商城送礼、手机积分兑换、信用卡升级等木马短信、病毒链接，引诱机主点击，盗取机主银行卡、密码，然后用网银或制作伪卡取现实施诈骗。

### 28. 木马信息诈骗 2

犯罪分子发布木马短信、病毒链接，引诱机主点击，盗取机主 QQ、微信号及密码，然后以借钱、紧急事情需要用钱、指令下属汇款等方式向其亲戚朋友和同事实施诈骗。

防范方法：不要在电话、网上透露自己的身份信息、银行卡号、密码等重要信息；对手机、电脑上的不明链接，请不要点击，防止重要信息被他人窃取；如果发现感染木马，在不使用已感染的手机、电脑操作的前提下，立即更改密码，并及时通知亲戚、朋友和同事。

### 29. 网购诈骗

犯罪分子开设虚假购物网站或网店，一旦事主下单购买商品，便称系统故障，订单出现问题，需要重新激活。随后，通过 QQ 发送虚假激活网址，受害人填写账号、银行卡号、密码及验证码后，卡上余额不翼而飞。

防范方法：尽量登录有知名度、信用度和安全保障的网站购物，并认真核对网站网址，防止上虚假网站；在购物过程中不要点击通过网站中专用聊天工具以外的方式（包括 QQ、微信）发过来的链接。

### 30. 订票诈骗

犯罪分子制作虚假的网上订票公司网页，发布订购机票、火车票等虚假信息，以较低票价引诱受害人上当。随后，再以"身份信息不全""账号冻结""订票不成功"等理由要求事主再次汇款，从而实施诈骗。

防范方法：网上订票尽量登录官方网站、大型知名网站、熟悉的订票公司办理，以免上当受骗、耽误行程。

### 31. 办理信用卡诈骗

犯罪分子通过短信、邮件等发送可办理高额信用卡的虚假广告。一旦事主与其联系，犯罪分子便以"手续费""中介费""保证金"等形式要求事主连续转款。

防范方法：办理信用卡需要提供本人身份证件等资料到银行网点办理。即使通过银行官方网站申请，也要本人到银行网点提交身份证件等资料或银行工作人员上门核对身份无误后才能开通。所以，此类信息均为虚假，请不要相信。

### 32. 虚构色情服务诈骗

犯罪分子在互联网上留下提供色情服务电话，待受害人与之联系后，称须先付款才能上门提供服务，受害人将钱打到指定账户后发现被骗。

防范方法：色情服务属于违法行为。请养成健康的生活方式，遵守法律法规，遵守社会公德，也会减少自己被骗的概率。

### 33. 收藏诈骗

犯罪分子冒充各种收藏协会或公司，发短信或印制邀请函邮寄各地，称将举办拍卖会并留下联络方式。一旦事主与其联系，则以预先缴纳评估费、保证金、场地费等名义，要求受害人将钱转入指定账户。

防范方法：遇到此类事情，请不要轻易相信，首先查询该机构的合法性，经实地考察后，再作决定。

### 34. 兑换积分诈骗

犯罪分子拨打电话谎称受害人手机积分可以兑换智能手机，如果受害人同意兑换，对方就以补足差价要求先汇款到指定账户；或者发短信提醒受害人信用卡积分可以兑换现金等，如果受害人按照提供的网址输入银行卡号、密码等信息后，银行账户的资金即被转走。

防范方法：遇到此类事情，做到"四不"——不轻信、不透露个人信息、不转账汇款、不点击不明链接，并向通信部门、银行等咨询核实。

### 35. 二维码诈骗

诈骗分子以降价、奖励为诱饵，要求受害人扫描二维码加入会员，实则二维码附带木马病毒。一旦扫描安装，木马就会盗取事主银行账号、密码等个人隐私信息，然后实施诈骗。

防范方法：不要随便扫描二维码，扫二维码后先辨别网址真假。如果不能辨别，请不要安装，以防被骗。如果发现感染木马，在不使用已感染的手机、电脑操作的前提下，立即更改银行账号密码，并重装系统。

### 36. 微信诈骗——伪装身份诈骗

犯罪分子利用微信"附近的人"查看周围朋友情况，伪装成"高富帅"或"白富美"，骗取感情和信任后，随即以资金紧张、家人有难等各种理由骗取钱财。

防范方法：遇事要冷静，不要轻易相信他人，涉及金钱的事要谨慎。

### 37. 微信诈骗——爱心传递诈骗

犯罪分子将虚构的寻人、扶贫的帖子以"爱心传递"的方式发布在朋友圈里，引起不少善良网民转发，实则帖内所留联系方式大多数为外地号码，打过去不是吸费电话就是通信诈骗。

防范方法：遇到此类事情，请报案并及时向腾讯公司举报，防止他人受骗。

### 38. 微信诈骗——利用公众账号诈骗

犯罪分子盗取商家公众账号或者使用"交通违章查询"等假公众账号，发布虚假消息，让人信以为真，然后实施诈骗。

防范方法：遇到此类事情，不轻信、不转账、不汇款。

### 39. 微信诈骗——点赞诈骗

犯罪分子冒充商家发布"点赞有奖"信息，要求参与者将姓名、电话等个人资料发至微信平台，套取个人信息后，拨打电话声称已中奖，随后以缴纳"手续费""公证费""保证金"等形式实施诈骗。

防范方法：遇到此类事情，不轻信、不转账、不汇款。

### 40. 微商诈骗——低价购物诈骗

犯罪分子在微信朋友圈假冒正规微商，以优惠、打折、海外代购为诱饵，待买家付款后，又以"商品被海关扣下，要加缴关税"等为由要求加付款项。一旦获取购货款则无法联系。

防范方法：网上购物请使用支付宝等安全付款方式。

# 附录二 反传销知识

## 一 什么是传销?

答:传销是指组织者或者经营者发展人员,通过对被发展人员以其直接或者间接发展的人员数量或者销售业绩为依据计算和给付报酬,或者要求被发展人员以交纳一定费用为条件取得加入资格等方式牟取非法利益,扰乱经济秩序,影响社会稳定的行为。

## 二 参加传销能否发财?

答:参加传销不仅不能发财,而且绝大多数人会血本无归,甚至倾家荡产。原因在于,传销的本质是要求参加者不断发展人员加入,依靠后加入者购买产品或缴纳的钱财维系运作,一旦新加入的下线人员数量不足,整个传销组织将难以为继。

## 三 传销有哪些表现形式?

答:《禁止传销条例》第七条列举了传销行为的三种表现形式:

1. 组织者或者经营者通过发展人员,要求被发展人员发展其他人员加入,对发展的人员以其直接或者间接滚动发展的人员数量为依据计算和给付报酬(包括物质奖励和其他经济利益,下同),牟取非法利益的。

2. 组织者或者经营者通过发展人员,要求被发展人员交纳费用或者以认购商品等方式变相交纳费用,取得加入或者发展其他人员加入的资格,牟取非法利益的。

3. 组织者或者经营者通过发展人员,要求被发展人员发展其他人员加入,形成上下线关系,并以下线的销售业绩为依据计算和给付上线报酬,牟取非法利益的。

具体包括:(1)"拉人头"式传销;(2)骗取"入门费"式传销;(3)"团队计酬"式传销。

## 四 当前传销组织惯用的欺骗手段有哪些?

答:1. 为诱骗群众上当受骗,传销组织往往利用人们急于发财致富的心理,许诺高额回报,引诱参加者交纳一定费用或购买产品,以此作为加入该组织的条件。

2. 传销组织打着"加盟连锁""网络销售""电子商务""特许经营"等旗号，有的还宣称自己是国家引进的最先进的营销模式，已经通过某某部门认可，公司领导人获得国家颁发的荣誉称号，公司是国家有关部门授予的"直销实验基地"，等等，千方百计诱骗他人交钱加入。

3. 传销组织把目标瞄准身边的亲朋好友，并根据诱骗对象的情况，以介绍工作、做生意、旅游、朋友会面等为名，把亲戚、朋友、同学、同乡、同事、战友骗到外地，并限制其人身自由，通过利诱、威逼、暴力等手段胁迫其从事传销活动。

4. 传销组织采取开会、培训、上课等方式，强行对新加入者进行"洗脑"，灌输与社会主义社会法律和道德相悖的思想理念。

5. 有的传销组织打着已经注销的企业如"武汉新田"，或并不存在的企业如"深圳文斌"等旗号将一些人员骗往异地从事传销诈骗活动。

## 五 传销属于犯罪行为吗？

答：传销是国家明令禁止的违法行为，不仅违反《禁止传销条例》等国家行政法规，情节严重的，还会触犯刑法的规定，构成犯罪。

# 参考文献

［1］《国家安全公民手册》编写委员会．国家安全公民手册［M］．北京：时事出版社，2003．

［2］中国高等教育学会保卫学专业委员会．大学生安全教程［M］．武汉：武汉大学出版社，2010．

［3］湖南省高等学校保卫学研究会．大学生安全教程［M］．长沙：中南大学出版社，2010．

［4］椰永华，田文涛．大学生安全教育读本［M］．北京：北京理工大学出版社，2010．

［5］宋志伟，燕国瑞．大学生安全教育［M］．北京：清华大学出版社，2007．

［6］方遮，李国春，汤文忠．大学生安全教育［M］．长沙：国防科技大学出版社，2015．

［7］焦金雷，李存红．大学生安全教育［M］．北京：北京邮电大学出版社，2012．

［8］李峥嵘．大学生安全教育［M］．西安：西安交通大学出版社，2011．

［9］李友玉，袁国祥，阮芳清．安全警示录——大学生安全教育读本［M］．武汉：武汉大学出版社，2008．

［10］曹帅召．大学生安全教育［M］．北京：经济科学出版社，2010．